SIXTO

ELIGE
SABIAMENTE
EN EL
AMOR

CÓMO ENCONTRAR LA
PAREJA IDEAL

WHITAKER
HOUSE
Español

A menos que se indique lo contrario, las citas bíblicas son tomadas de la *Santa Biblia, Nueva Versión Internacional*®, NVI®, © 1999 por la Sociedad Bíblica Internacional. Usadas con permiso. Todos los derechos reservados. Las citas bíblicas marcadas (RVR1960) son tomadas de la versión *Santa Biblia, Reina-Valera 1960* © 1960 Sociedades Bíblicas en América Latina; © renovado 1988 Sociedades Bíblicas Unidas. Usadas con permiso. Todos los derechos reservados. Las citas bíblicas marcadas (DHH) son tomadas de la Biblia *Dios habla hoy*®, Tercera edición © Sociedades Bíblicas Unidas, 1966, 1970, 1979, 1983, 1996. Usadas con permiso. Todos los derechos reservados.

Los textos y los segmentos bíblicos en negritas y cursivas son énfasis del autor.

Editado por: Ofelia Pérez

Elige sabiamente en el amor
Cómo encontrar la pareja ideal

ISBN: 978-1-64123-935-6
Ebook ISBN: 978-1-64123-936-3
Impreso en los Estados Unidos de América
© 2022 por Sixto Porras

Whitaker House
1030 Hunt Valley Circle
New Kensington, PA 15068
www.whitakerhouseespanol.com

Por favor, envíe sugerencias sobre este libro a: comentarios@whitakerhouse.com.

Ninguna parte de este libro puede ser reproducida o transmitida de ninguna manera o por ningún medio, electrónico o mecánico —fotocopiado, grabado, o por ningún sistema de almacenamiento y recuperación (o reproducción) de información— sin permiso por escrito de la casa editorial. Por favor, para cualquier pregunta dirigirse a: permissionseditor@whitakerhouse.com.

1 2 3 4 5 6 7 8 9 10 11 **ᘯ** 29 28 27 26 25 24 23 22

DEDICATORIA

A mi hijo Daniel y a su esposa Rocío.

A mi hijo Esteban y a su esposa Dyane.

Ellos nos han llenado de felicidad. Los cuatro se han esforzado por dar lo mejor el uno por el otro.

Rocío decía al pensar en su boda: "Quiero que los que estén ahí sientan a Dios en todo momento". Y así fue su boda, porque ellos se consagraron para Dios, tomaron la consejería correspondiente y decidieron hacer las cosas en la forma correcta.

Dyane decidió no tener novio hasta comprender que había encontrado a su esposo. Oró por Esteban por años y lo esperó hasta convertirse en su mejor amiga. Cuando ya eran novios escribió:

"Tengo al mejor de los hombres, quien desde ya piensa en el futuro, pero viviéndolo paso a paso. Es alguien quien piensa en mis necesidades y en cómo mimarme. Es un hombre que sigue a Jesús y que lo ama a Él más que a mí. Ha aprendido a amarme, valorarme y respetarme. No es cualquier hombre, es un hombre de Dios que me honra y me hace crecer. Un hombre trabajador y esforzado, y con ganas de superarse todos los días. ¡Él es el mejor! ¡Te amo, mi vida, gracias por compartir tu vida conmigo! ¡Gracias, Dios, ¡por mi novio!".

Las vidas de mis hijos y de mis nueras me han inspirado a escribir este libro.

AGRADECIMIENTOS

Escribir este libro fue emocionante, porque conté con el aporte de Angie, mi compañera de *Enfoque a la Familia*, quien siempre añade sabiduría a lo que escribo. También fue enriquecido con el aporte de un grupo de jóvenes que me sorprendieron con sus observaciones, ejemplos y análisis. Por eso agradezco a Carla, Kristal, Daniela y Fabrizio. Gracias por las sugerencias, ejemplos y recomendaciones. También recibí la retroalimentación de Nazareth, una madre de dos jóvenes que añadió una perspectiva muy interesante y oportuna.

Gracias a cada uno, porque el aporte que dieron me hizo ver detalles que no había visto y enriquecieron el contenido. Gracias por añadir sabiduría, una perspectiva fresca y un consejo sabio.

ÍNDICE

INTRODUCCIÓN

Un noviazgo *no* puede nacer de un encuentro casual, porque no debe ser solo una emoción pasajera, sino que debe guiar hacia una amistad que deje un buen recuerdo de lo que se ha vivido. O, por supuesto, conducir a la pareja al matrimonio. El noviazgo debiera ser un tiempo para poner los fundamentos de una relación para toda la vida. El noviazgo debe ser un proyecto de vida, durante el cual se encuentre la inspiración de los sueños que nos gustaría alcanzar a partir de compartir la vida con aquella persona extraordinaria.

Porque en el noviazgo se comparten sueños, alegrías y metas; porque es el encuentro de personas con muchas cosas en común, que encuentran respaldo mutuamente y se proyectan juntos en el tiempo. Por tanto, el noviazgo no es una relación para jugar o un pasatiempo entretenido.

Una relación de noviazgo es fundamental en la antesala de un matrimonio, no debe minimizarse a solo pasar el tiempo, o para llenar vacíos emocionales. Es una experiencia que debe vivirse con el propósito concreto de poner bases sólidas para un futuro matrimonio.

El amor se siente, sí; pero también se razona, escucha consejo, reflexiona, toma sabias decisiones y piensa en el futuro. Una relación pasajera puede poner en riesgo los sueños, el buen nombre labrado y aun las metas alcanzadas. De modo que, si una relación está dañando, será mejor terminarla lo más pronto posible. No será una decisión fácil, porque se requiere firmeza y valentía.

Así que antes de pensar en un noviazgo, invierte tiempo en encontrarte contigo mismo; ámate, acéptate, construye un proyecto de vida y trabaja por él. Esto allanará el camino para que puedas elegir sabiamente en el amor, o bien, darte cuenta de que debes alejarte de esa relación que no te conviene. Porque la vida no se improvisa, sino se planea, se trabaja y se construye todos los días con las decisiones que tomamos.

Hay que tener una buena y correcta actitud ante el amor, para que las emociones sean bien guiadas, para que el tomar decisiones con inteligencia sea midiendo las debidas consecuencias.

Estas son las palabras que me escribió Fabrizio Gamarra luego de leer el libro:

"Me quedé encantado con el libro, es difícil poner en palabras lo que fui sintiendo a medida que avanzaba en la lectura, el libro es atrapante, desde que uno empieza hasta que termina no para de aprender y de expandir sus pensamientos, es tan natural y emocionante de leer. Pero, sobre todo, es inspirador, está lleno de sabiduría y de consejos precisos.

Estoy seguro de que el libro va a ser de bendición y de muchísimo aprendizaje para todo el que lo lea. Uno puede notar que son palabras que vienen de Dios.

Gracias por ser inspiración, por trabajar para impactar las vidas de las personas. Sobre todo, gracias por dejarme formar parte de esto, no tienes una idea de lo agradecido que estoy con Dios y contigo por esta oportunidad. Aprendí mucho, fui inspirado y bendecido".

Capítulo 1

REFLEXIONES SOBRE EL AMOR

En el amor no se improvisa, ni tampoco nos aventuramos a una experiencia a ciegas. El amor crece cuando nos damos el espacio necesario para conocernos, fijamos límites, nos convertimos en los mejores amigos y pedimos a Dios que sea el centro de la relación. Si asumimos la responsabilidad de construir una relación saludable, entonces avanzaremos lentamente por el camino de la amistad, fijaremos límites, pediremos consejo y buscaremos la bendición de nuestros padres y de aquellas personas sabias con las que contamos. Es la única forma de añadir sabiduría al enamoramiento. El proceso de construir conlleva tiempo, por lo que un noviazgo saludable y próspero en todas las áreas no debe tomarse a la ligera.

El concepto de noviazgo ha ido transformándose con el tiempo, ajustándose a nuevos ambientes en los que vivimos. En algún momento se solía pensar que, si una relación comenzaba, se debía respetar ese compromiso hasta terminar en matrimonio, aun cuando la relación fuera evidentemente dañina y no caminara bien. También, que el noviazgo no debía durar mucho, sino casarse rápidamente aun cuando los involucrados no se conocieran lo suficiente. Hasta se ha llegado a pensar que el amor y el noviazgo son un "golpe de suerte" y no el resultado de un proceso, de una preparación a tiempo para una relación a largo plazo.

No importa cómo lo vivan tus amigos, lo ideal es no apresurar los acontecimientos y avanzar lentamente, de tal forma que podamos decidir sabiamente en el amor y poner un buen fundamento en la relación.

Al inicio de la relación uno se enamora de características externas, pero al casarse, nos convertimos en dos personas que conviven con la forma de ser del otro: sus hábitos, costumbres, miedos, complejos, anhelos y sueños. Es decir, nos enamoramos de un cuerpo, pero al casarnos vivimos con un carácter. Por eso, añadir inteligencia al amor consiste en tener un profundo conocimiento mutuo y haber anticipado todo lo que se pueda para que la relación avance de forma saludable y sin sobresaltos difíciles de superar. Esto involucra nuestra decisión de ser pacientes ante las diferencias del otro e identificar formas de lidiar con los altibajos de la relación.

Hoy vivimos en la era de lo "desechable", cualquier excusa es válida para romper la relación y muchas personas saltan de noviazgo en noviazgo. Aun más, algunos viven sin compromiso sus relaciones, simplemente se dejan llevar por lo que sienten y esto hace que las relaciones sean inestables. Al parecer, muy pocos son los que quieren esforzarse por tener noviazgos saludables, porque no desean adquirir compromisos serios en el amor. Una vez las situaciones se tornan difíciles, muchos prefieren abandonar, sin estar dispuestos a ceder y aceptar en ocasiones y, en otras, a modificar y mejorar las áreas que están afectando la dinámica de la relación. Al hablar del tema, una joven de 20 años dijo: "Los jóvenes se han vuelto fríos y egoístas. Ven a la otra persona como una cosa, como algo descartable o pasajero, algo que, si no nos sirve, lo cambiamos por algo nuevo. Ya no vemos a las personas como alguien a quien cuidar, respetar y valorar".

Uno de los sociólogos más reconocidos en su época, Zygmunt Bauman, llamó a este fenómeno "amor líquido", es decir, amores cada vez más fugaces y superficiales. Según Bauman, la sociedad cada vez se vuelve más individualista, convirtiendo sus fundamentos en temporales o inestables. Todo lo que tenemos pareciera ser cambiante, y tiene fecha de caducidad. Todo está bien mientras funcione de forma fácil. Cuando todo se vuelve complejo, es más sencillo desecharlo que resolverlo.

Lo engañoso de esto es que, si no nos comprometemos en una relación, probablemente tampoco tengamos un compromiso serio con nosotros mismos. Deseo aclarar que decir "compromiso" en una relación de noviazgo no significa necesariamente una promesa de matrimonio; compromiso es asumir que se está íntegramente en algo por lo que se está dispuestos a trabajar para hacerlo crecer. Porque lo que hoy es una relación de noviazgo, mañana podría terminar en un matrimonio.

Antes de comprometerse en una relación de noviazgo, vale la pena ser buenos amigos, conocerse mutuamente y determinar si nuestra inversión de tiempo, energía y afecto están bien encaminados. Por lo que, aplicar la inteligencia en una relación es sinónimo de reflexión, análisis y consejo. A partir de ello, tendremos una relación mejor fundamentada y con mejores resultados.

Con el amor no se juega, tampoco es cuestión de suerte; el amor no es ciego, aunque en ocasiones al estar muy enamorados nos obsesionamos. El amor piensa, razona, pide consejo y aprende a discernir las señales que nos indican que vamos bien, o que estamos en una relación dañina. Si nos detenemos a observar, nos daremos cuenta que muchas veces las señales, bien sean de bienestar o malestar, son casi obvias. Es aquí donde la obsesión emocional hace que perpetuemos aquello que deberíamos cortar de raíz, o bien, que echemos a perder aquello que con disciplina y compromiso hubiese sido fructífero. Por eso en el amor, la sabiduría debería ser la protagonista.

Para elegir inteligentemente en el noviazgo, hay que tomar en cuenta lo siguiente: al enamoramiento hay que añadir el tiempo suficiente para conocer a la otra persona. El tiempo debe conducir a una amistad cercana entre las dos personas, hasta convertirlas en los mejores amigos. A esa amistad que crece, se debe sazonar con la humildad suficiente que lleve a pedir y recibir el consejo de los padres y líderes espirituales.

De manera que es sabio que antes de iniciar una relación de noviazgo, ambos busquen el consejo de quienes consideran que verdaderamente les aman, para así enriquecer el criterio que ambos tengan sobre sus planes de noviazgo. Si hacen esto, estarán añadiendo el sentido común, algo tan crucial como olvidado en muchas de las relaciones actuales de noviazgo.

RECOMENDACIONES PRÁCTICAS PARA VIVIR UN NOVIAZGO SALUDABLE:

- Elabora una lista que describa con quién te gustaría casarte.

- No apresures la relación; toma el tiempo necesario para conocer bien a la otra persona.

- Disfruta de la amistad que ahora tienen.

- Escucha el consejo de tus padres y de tus líderes espirituales.

- Establece claramente qué será permitido y qué no en la relación de noviazgo. Esto previene el abuso, la agresión, la manipulación, y habrá menos riesgos de ser infiel a los valores y convicciones personales.

- No tengas una relación absorbente, vive una vida de equilibrio.

- Si sientes dudas, no avances en la relación, toma tu tiempo para aclarar tus pensamientos y sentimientos.

+ Evalúa si todo se centra en el placer, las peleas, los celos, o si es una persona infiel.

+ La relación en la que estás, ¿tiene futuro o es un "mientras tanto"?

+ ¿Están juntos porque le tienes "lástima" a la otra persona?

+ ¿En el fondo, sabes que esa relación debe terminar? Aunque duela, si sabes que no te conviene, termina lo más pronto posible.

+ Ten buenos amigos que te orienten y te escuchen.

+ Lee y aprende sobre el tema del amor y el noviazgo.

+ Advierte las señales de peligro: adicción a la pornografía, problemas emocionales serios, celos, agresión, dependencia excesiva de los padres, o bien, actitudes de una persona irresponsable.

+ Ámate y acéptate a ti mismo, esto te permite saber cuánto vales y cuándo es saludable estar en una relación.

AMAR ES... ELEGIR CON INTELIGENCIA

¿Qué impide aplicar la inteligencia, el sentido común, en el amor? ¡El estar enamorado! El enamoramiento nos hace idealizar a la persona y conduce a acelerar los acontecimientos por venir.

Lo primero que sentimos cuando una persona nos atrae es el enamoramiento, la primera etapa del amor. En el enamoramiento hay un coctel de emociones y reacciones psicofísicas que nos hacen idealizar a la otra persona, pero limita razonar con objetividad. Enamorarse es lo natural en el inicio de una relación romántica, pero no debe ser el parámetro o "señal" principal.

Si se permite que el enamoramiento conduzca las acciones de un noviazgo, esto solo conducirá al engaño de pensar que se ha encontrado a "la persona correcta". Por esta razón, es necesario saber contener el volcán de emociones que está haciendo erupción, y buscar el consejo de aquellas personas sabias y maduras que nos aman para con su ayuda poder ver lo que no podemos ver bajo los efectos del enamoramiento.

Aplicar la inteligencia sobre la emoción del enamoramiento hará más preciso el análisis de las opciones de relación que se tienen y saber escoger mejor. Una persona que evalúa de forma inteligente es capaz de elegir la mejor opción entre las diversas posibilidades que se le presentan. La inteligencia incluye el proceso necesario para recopilar la información, analizarla, comprenderla y utilizarla para tomar decisiones.

La inteligencia no solo es útil en las matemáticas o las ciencias exactas, podemos añadir inteligencia al amor y las emociones. Si nos hacemos las preguntas correctas y somos observadores mientras conocemos a la otra persona, estaremos haciendo uso de la inteligencia en una relación de noviazgo. Pero si no se analiza, no se cuestiona, no se busca consejo, no existe criterio alguno de análisis, y se actúa por mera emoción o enamoramiento, puede conducir esto a decisiones lamentables después. No se puede jugar con algo tan importante como un noviazgo o un matrimonio. Hoy hay muchas personas heridas por pensar inteligentemente, por no buscar consejo, o bien, por no seguir el consejo recibido.

CONÓCETE, ACÉPTATE Y ÁMATE A TI MISMO

Uno de los desafíos que tenemos en el amor es conocernos y amarnos a nosotros mismos, esto nos permite establecer relaciones románticas saludables. Debemos aprender a aceptarnos tal cual somos, superar nuestros miedos y complejos, desarrollar nuestras fortalezas y aceptar aquello en lo que no somos tan buenos. Solo así, amándonos primero a nosotros mismos, tendremos éxito en las relaciones románticas.

Para amar a otros, primero debemos amarnos a nosotros mismos. Si nos aceptamos tal cual somos, aun con nuestras imperfecciones y cosas por mejorar, será más fácil establecer relaciones saludables, porque nos consideraremos dignos de ser amados genuinamente y responsables de amar a otros como quisiéramos ser amados nosotros.

El amor en una relación de noviazgo se ve afectado por la forma en la que cada uno se ve a sí mismo. Cuando uno de los dos tiene una imagen negativa de sí mismo, pueden presentarse problemas como celos enfermizos, desconfianza, constante necesidad de afirmación, relaciones de codependencia, maltrato psicológico, e incluso violencia física. Es entonces cuando el noviazgo se convierte en aquello que debe llenar los vacíos emocionales, y esto es imposible, porque el amor romántico no está diseñado para tal propósito.

Intentar amar a otro sin primero amarse a uno mismo es arriesgado; dejaremos de lado nuestras convicciones, valores y sueños por tratar de lograr y mantener el afecto del otro. Por eso, debemos tener como meta, alcanzar un profundo conocimiento de nosotros mismos, aceptarnos y amarnos tal cual somos. Ello provee confianza, seguridad y valor personales para establecer relaciones saludables e inteligentes. Valemos por lo que somos en esencia como personas, y no por lo que poseemos o por nuestra apariencia.

En ocasiones, pensamos que concentrarnos en lo externo arreglará lo interno, pero tener una sana autoestima no es algo que se consigue de este modo, sino entendiendo que hemos sido creados como seres únicos y con un gran valor personal. Cuando somos capaces de vernos a nosotros mismos como personas de gran valor, somos libres de la inseguridad y del temor. Nuestra autoestima no será como las olas del mar, que vienen y van, sino que se mantendrá en niveles saludables y nada nos hará dudar del valor que tenemos. No aceptaremos menos y nos daremos a respetar por lo que somos, lo que creemos y por lo que valemos.

Dios nos da identidad, nos afirma de diferentes formas, promete acompañarnos en el recorrido de la vida y nos recuerda quiénes somos para Él. Por eso nos dice:

* *"Ama al Señor tu Dios con todo tu corazón, con todo tu ser y con toda tu mente" [...]. Este es el primero y el más*

importante de los mandamientos. El segundo se parece a este: "Ama a tu prójimo como a ti mismo". (Mateo 22:37-39)

• No le temas a nadie, que yo estoy contigo para librarte. Lo afirma el Señor. (Jeremías 1:8)

• Y Dios creó al ser humano a su imagen; lo creó a imagen de Dios. Hombre y mujer los creó, y los bendijo con estas palabras: «Sean fructíferos y multiplíquense; llenen la tierra y sométanla…». (Génesis 1:27-28)

• Ustedes son linaje escogido, real sacerdocio, nación santa, pueblo que pertenece a Dios (1 Pedro 2:9)

• Durante todos los días de tu vida, nadie será capaz de enfrentarse a ti. Así como estuve con Moisés, también estaré contigo; no te dejaré ni te abandonaré. Sé fuerte y valiente, porque tú harás que este pueblo herede la tierra que les prometí a sus antepasados. (Josué 1:5-6)

• Y les aseguro que estaré con ustedes siempre, hasta el fin del mundo. (Mateo 28:20)

• Yo estoy contigo. Te protegeré por dondequiera que vayas, y te traeré de vuelta a esta tierra. No te abandonaré hasta cumplir con todo lo que te he prometido. (Génesis 28:15)

• Así que no temas, porque yo estoy contigo; no te angusties, porque yo soy tu Dios. Te fortaleceré y te ayudaré; te sostendré con mi diestra victoriosa. (Isaías 41:10)

✦ *Ustedes son la luz del mundo. Una ciudad en lo alto de una colina no puede esconderse. Ni se enciende una lámpara para cubrirla con un cajón. Por el contrario, se pone en la repisa para que alumbre a todos los que están en la casa. Hagan brillar su luz delante de todos, para que ellos puedan ver las buenas obras de ustedes y alaben al Padre que está en el cielo.* (Mateo 5:14-16)

✦ *¡Te alabo porque soy una creación admirable! ¡Tus obras son maravillosas, y esto lo sé muy bien!* (Salmos 139:14)

Debemos vernos como Dios nos ve. Es la única manera de trabajar con las inseguridades de nuestras personas, porque las palabras de Dios a sus hijos nos ponen en una posición para elegir cómo vivir sabiamente en el amor. Dios promete estar con nosotros siempre, promete guiarnos y acompañarnos en todo el proceso de crecer y desarrollarnos como personas, y esto abarca el noviazgo.

TEN CLARAS TUS PRIORIDADES

Define claramente tus prioridades. Esto ayuda a que cualquier relación romántica esté alineada al deseo de hacer bien las cosas y permita lograr lo que uno se ha propuesto en la vida. Se debe analizar con un consejero si la relación que se tiene está fortaleciendo o no el proyecto de vida planeado, si afirma las prioridades que ya se tienen, o implica replantearse todo lo que se ha propuesto. Nadie debería entorpecer nuestras prioridades, ni oponerse al cumplimiento de nuestros sueños. Al contrario, la novia o el novio deberá respetar lo que es importante para la otra persona, impulsar al otro hacia lo que siempre ha soñado.

Enamorarse de alguien que tiene un proyecto de vida que nos ilusiona e involucra, es estar ante un gran desafío que debe llevar a reflexiones profundas, a preguntarse: ¿Estoy dispuesto a abandonar lo que había soñado para ir en esta otra dirección? ¿Puedo hacer mío su proyecto de vida? ¿Me ilusiona ir por este nuevo camino? ¿Me siento parte de esta gran historia? ¿Qué ajustes tendría que hacer para acoplarme a este nuevo proyecto? Un ejemplo de esto puede ser cambiar de residencia a otra ciudad o país.

Cuando Helen y yo nos casamos, ella decidió acompañarme en la aventura de servir a Dios; aunque estudiaba psicología, cambió sus prioridades y juntos hemos recorrido un camino emocionante. Nuestros hijos lo agradecen y Helen lo disfruta. Hoy comprendemos que Dios nos llamó a ambos para ir juntos en una misma dirección.

Mi compañera de *Enfoque a la Familia*, Angie, se casó con un misionero que vive al otro lado del mundo, y con gran ilusión, ella ha dejado su país de origen, a sus amigos, su iglesia y su entorno para ir con su esposo a conquistar el mundo para Cristo. Se armó de valentía, se dejó guiar por el amor, y ahora juntos están escribiendo una gran historia.

No estoy diciendo que abandonar nuestras prioridades sea fácil, porque se experimenta el dolor de la renuncia para ir tras un nuevo amor. Pero, en esta como en muchas otras situaciones, todos en algún momento debemos abandonar algo si queremos construir algo nuevo. El problema está cuando alguno de los dos siente que lo nuevo no le calza, que no se ve a sí mismo siendo parte de ese nuevo rumbo, y que entre más se toca el tema más se asusta; incluso, que no está dispuesto a renunciar al proyecto de vida original. Siendo este el caso, la pareja de novios *deben* terminar esa relación. Porque, aun cuando sean buenas personas, excelentes cristianos con magníficas familias, nadie puede desdibujarse para ser lo que no es, aunque él o ella sea un magnífico ser humano.

El matrimonio es el encuentro de dos personas que se saben responsables de su propia realización personal, que deciden caminar juntas en una misma dirección y se acompañan en la meta de lograr ser felices mientras recorren el camino juntos. En el noviazgo y el matrimonio uno no se impone sobre el otro, no anula a quien ama para cumplir sus deseos. En el noviazgo o en el matrimonio ambos se esfuerzan para que juntos logren realizarse como personas. Ya no solo se trata de los gustos de uno, sino de los deseos, sueños y aspiraciones comunes. Eso es algo que fortalece la unión.

Capítulo 2

¿CÓMO TENER UN NOVIAZGO SALUDABLE?

Invertir el tiempo necesario para conocerse bien durante el noviazgo, y llegar a ser los mejores amigos, es ir por buen camino. En el noviazgo es indispensable ver más allá de la piel, es necesario conocer el carácter, su forma de ser y su manera de reaccionar. El carácter es lo que somos cuando nadie nos observa y la forma en la que nos comportamos en los momentos de crisis, conflictos y desacuerdos. Tener un carácter bien fundamentado lleva a tomar decisiones sabias y a mantener la integridad ante cualquier situación. Porque para hacer lo correcto, vaya que se necesita un carácter forjado y consagrado por Dios.

Se dice que nos enamoramos de un cuerpo, pero nos casamos con un carácter, por lo que es importante buscar las cualidades esenciales de un buen carácter: autenticidad, sinceridad, fidelidad, lealtad, compromiso, que sea una persona compasiva, generosa, servicial y cooperadora. Estas cosas no se conocen en una tarde romántica, o caminando por la playa bajo el efecto de una luna llena. Toma tiempo conocer a la persona, su forma de ser, sus costumbres, sus valores, sus ambiciones, alegrías, gustos, preferencias, complejos, miedos, nivel de celos, si tiene o no adicciones, su concepto de familia y, por supuesto, su proyecto de vida. Hay que examinar patrones de conducta, para lo cual hay que indagar con detenimiento el fruto de las relaciones anteriores, la forma en la que trata a sus padres y hermanos.

SEAN AMIGOS UN BUEN TIEMPO

El tiempo hace que toda esa ola de emociones y reacciones psicofísicas que se experimentan al inicio del enamoramiento se vayan calmando poco a poco. El tiempo hace que las aguas se tranquilicen y entonces sea posible observar con mayor objetividad a la persona que nos atrae. Se debe ser intencional con el manejo del tiempo, porque la meta es llegar a convertirse en amigos que disfrutan mucho estar cerca.

Así que no te apresures. Aprecia la libertad que tienes ahora. Toma el tiempo suficiente para decidir con inteligencia. Una de las principales razones por las cuales se divorcian los matrimonios no es ni la infidelidad o el dinero, sino porque la decisión de casarse fue una que tomaron demasiado rápido. No se puede conocer a una persona en un periodo de tiempo muy corto, se requiere tiempo para establecer un vínculo saludable.

Cuando las personas no toman el tiempo necesario para conocerse es porque "están muy enamorados", y la tendencia de esto es el desarrollo de relaciones conflictivas. Limar asperezas luego de formalizar una relación romántica que ha iniciado muy rápido resulta mucho más difícil, porque no se conocen lo suficiente debido a que no tomaron tiempo para desarrollar la confianza necesaria.

El amor romántico es producto del mero enamoramiento, una atracción con las emociones más intensas que se pueden experimentar. Por tanto, es algo que deberá vivirse sin permitir la idealización de la otra persona, siendo siempre conscientes de que nos hemos enamorado de un ser humano y no de una persona perfecta. El manejo de las emociones del enamoramiento y la inversión de tiempo suficiente en construir una relación resultará en convertirse en mejores amigos que sean conscientes de los defectos y virtudes, así como de las áreas que el otro tiene que trabajar para superar aquello que no agrada a la pareja o que afecta la relación. Pero, reitero, toma tiempo conocer intenciones, forma de ser, entorno familiar, carácter, etc.

CONOCE A LA FAMILIA

Escuché un dicho que me pareció interesante: "Observe sobre el hombro", que quiere decir, observe quién está detrás de ella o de él. Porque cuando nos casamos, lo hacemos con una persona, pero también con una familia que de una u otra forma influirá en nuestra relación actual y futura. Es esencial conocer el entorno familiar: costumbres, dinámica, expectativas acerca del rol de esposos, manejo de las finanzas, crianza de hijos, responsabilidades domésticas, formas de solucionar los conflictos, si existen trastornos emocionales serios, y todo aquello que permita anticipar y entender cómo podría ser la relación si acaso llega al matrimonio.

Es fundamental tomarse el tiempo también para conocer a los amigos, porque ellos brindan una ventana sin igual para ver el carácter de la otra persona. Los amigos y la familia evidencian costumbres, aficiones, gustos, anhelos, sueños y proyecto de vida. De esta forma, será posible anticipar el futuro de una familia, de un hogar, y aquellas cosas que se podrían enfrentar, áreas en las que se requerirá buscar apoyo para sanar el dolor o romper con patrones no saludables.

La pareja construirá su hogar con lo que haya aprendido en la casa paterna, por lo que es importante conocer bien el entorno de cada uno. Esto no significa que deberán repetir los mismos patrones, pero sin duda habrá elementos de valor con los que nos gustaría contar al iniciar la edificación de un nuevo hogar.

Se debe trabajar en superar los traumas que han lastimado la familia en el pasado, en rescatar los aspectos buenos que nos han sido heredados y, sobre todo, establecer un fundamento espiritual que edifique la relación con amor, comprensión, tolerancia, paciencia, flexibilidad y perdón.

HAZTE PREGUNTAS

Como en toda relación importante de la vida, deben hacerse a tiempo y con tiempo las preguntas necesarias que ayuden a tener claro el panorama para no depender solamente de lo que se siente por el enamoramiento. Por eso, antes de iniciar una relación de noviazgo hazte las siguientes preguntas:

¿Me conviene?

¿Lo conozco realmente?

¿Es alguien emocionalmente equilibrado?

¿Aprecia a su familia?

¿Le ilusiona casarse, o ve nuestra relación como algo pasajero?

¿Me respeta y se respeta a sí mismo?

¿Discutimos con frecuencia y muchas veces sin razón aparente?

¿Es una persona segura y emocionalmente estable?

¿Tiene un alto sentido de realización y de superación personal?

¿Me anima a superarme y a alcanzar mis metas?

¿Respeta mis decisiones o impone sus gustos?

¿Me veo compartiendo mi vida con esta persona?

¿Su proyecto de vida y el mío se complementan?

¿Esta relación nos beneficia mutuamente?

¿Podré vivir con sus defectos sin esperar que cambie?

¿Mis padres y mis mejores amigos se alegran con nuestra relación?

¿Me emociona presentarle como mi novio o novia?

¿Me avergüenzan sus costumbres?

¿Esta relación tiene futuro o es un "mientras tanto"?

¿Me agradan los ambientes que le gusta frecuentar?

¿Hay algún aspecto de su vida o de su personalidad que me es difícil de tolerar?

¿Ocupo un lugar importante en su vida?

¿Pospone o cancela constantemente nuestros compromisos?

¿Sus metas y sueños me ilusionan?

¿Le importa lo que pienso o lo subestima?

¿Tengo que disculparlo constantemente por lo que dice o hace ante mi familia o los amigos?

¿Me agrada su forma de ser, los temas de conversación que saca y su sentido del humor?

Estas preguntas son esenciales antes de iniciar una relación, y más cuando la relación de noviazgo ha avanzado y resulta evidente que todavía se tienen dudas sobre el estar juntos. Así que no avances a la siguiente etapa si tienes temor, dudas, o bien, si no cuentas con la bendición de tus padres. Es importante que las personas que te aman sientan paz, que te respalden y acompañen en el proceso. Porque, aunque el noviazgo y el matrimonio son una decisión personal, requieren de la sabiduría y el consejo necesario para decidir conscientemente y actuar con sentido común. Hacerse preguntas como estas ayuda a analizar cómo será la interacción en caso de llegar al matrimonio, porque lo que hoy se ve es la antesala a lo que se vivirá mañana.

El noviazgo está diseñado para conocerse bien, para confirmar si nos gustaría compartir el resto de la vida con esa otra persona; es el escenario perfecto para poner un buen fundamento para el matrimonio. Por tanto, no apresures la relación; disfruten el estar juntos, conversen, rían, paseen, tengan tiempo con las familias de ambos, compartan la lectura de buenos libros, aprendan sobre el amor y sobre cómo construir imaginativamente el hogar que les gustaría formar. Recuerden, el noviazgo es la antesala del matrimonio.

La construcción de una casa es un buen ejemplo para entender cómo inicia un sueño. Una casa es el producto del diseño de expertos que han logrado materializar lo que antes se ha apenas visionado. Para construir una casa se requiere de un arquitecto cuyo conocimiento es el idóneo para proyectarla. Por otro lado, están los ingenieros, quienes harán los cálculos de lo que se necesita para lograr un fundamento suficientemente fuerte que resista el peso de la construcción. Así, cada parte de la construcción de una casa necesita la ayuda de un experto para avanzar paso a paso. Ante esta analogía: ¿a cuántos expertos consultamos para edificar un futuro matrimonio?

¿Han proyectado ya el diseño del hogar que les gustaría tener? ¿Han identificado y decidido aquello que les gustaría llevar de su hogar y familia de origen a su matrimonio y qué patrones no desean repetir?

Responder estas y las otras preguntas con la opinión de algún experto es comenzar bien los fundamentos del hogar que se quieren tener en el futuro.

BUSCA CONSEJO

Es fundamental escuchar el consejo de aquellos que nos aprecian, así como buscar la asesoría de profesionales que puedan orientarnos en el proceso puede ser clave en el futuro. Antes de asumir un compromiso bajo la etapa del noviazgo, debe buscarse el consejo de quienes nos aman, porque ellos pueden observar mejor aquello que solemos idealizar; pueden aportar un análisis más objetivo de lo que podría ocurrir después. En la multitud de consejeros hay sabiduría, afirma el libro de los Proverbios cuando nos permitimos aprender de la experiencia y conocimiento de otros.

- *Cuando no hay consulta, los planes fracasan; el éxito depende de los muchos consejeros.* (Proverbios 15:22 DHH)

- *Escuchen, hijos, la corrección de un padre; dispónganse a adquirir inteligencia.* (Proverbios 4:1)

- *No abandones nunca a la sabiduría, y ella te protegerá; ámala, y ella te cuidará. La sabiduría es lo primero.*

¡Adquiere sabiduría! Por sobre todas las cosas, adquiere discernimiento. (Proverbios 4:6, 7)

Las personas sabias son humildes y tienen curiosidad por aprender. Cuando dudan, no se desaniman, sino que investigan, aprenden, consultan y crecen debido a su capacidad de análisis. Es esa capacidad la que requiere aplicarse en el amor, por lo que dudar en la relación no es malo, que sea un incentivo para indagar más y confirmar si lo que se duda es infundado o hay razones para hacerlo.

Las personas necias se vuelven sabias en su propia opinión, pero el sabio se arma de humildad para buscar el consejo de quienes pueden enriquecer su criterio. No debe ser motivo de preocupación el tener preguntas, dudas o inquietudes en la relación, al contrario, son señales que deben llevarnos a buscar consejo, a aprender de otros, a hacer uso de nuestra capacidad de análisis y del sentido común. Como bien lo dice el sabio Salomón: *Al necio le parece bien lo que emprende, pero el sabio escucha el consejo.* (Proverbios 12:15)

Si ya te has equivocado, no significa que es el final de la historia, porque todos nos hemos equivocado en alguna ocasión debido a la necedad de no escuchar consejo. Por lo tanto, aplica la sabiduría y reflexiona sobre lo que has vivido y aprende de ello; busca entonces el consejo de otros para no volver a repetir el mismo error. Y, sobre todo, pide a Dios que te dé un espíritu enseñable, porque es lo único que te permitirá crecer como un discípulo de Cristo.

COMUNICA DE FORMA ASERTIVA

La mejor forma de fortalecer la intimidad con la otra persona es por medio de una comunicación fundamentada en el respeto y la aceptación mutua, porque permite expresar con libertad lo que se piensa y lo que se siente. Una comunicación asertiva es muestra de una autonomía, a la vez que genera cercanía y confianza. Los sentimientos y pensamientos son parte de nuestro ser y personalidad, nadie puede pensar por nosotros ni adivinar lo que estamos sintiendo, es por esto que debemos desarrollar la habilidad de comunicarnos con claridad. Callar aquellos sentimientos o cosas que nos molestan y nos hacen sentir mal es muestra de una falta de comunicación asertiva.

Mostrarse vulnerable y auténtico es parte del camino de la superficialidad a la intimidad verdadera. Temer a la reacción del otro por lo que se percibe que no agrada, quedarse en silencio para no hacerlo enojar provoca al paso del tiempo distanciamiento, pérdida de autonomía, autenticidad, cercanía y confianza. Por tanto, resulta fundamental establecer un vínculo en donde prevalezca la aceptación, el respeto, la confianza, la tolerancia, la flexibilidad y la comprensión. Una relación no solo gira en torno a uno de los dos, sino en torno a ambos y al proyecto en común que desean construir.

LOS LÍMITES FORTALECEN LA DIGNIDAD

En el noviazgo deben fijarse límites, esto hace que la pareja se conozca mejor y se asuman responsabilidades de los actos.

Los límites definen el espacio de cada uno, refuerzan la idea de que son personas con identidad propia, autonomía y dignidad, valores que deben protegerse. Los límites, además, ayudan a que la relación no sea algo absorbente, creadora de una dependencia, mucho menos, objeto de manipulación. Esos límites ayudan a evitar sentir frustración, confusión o enojo precisamente por haber permitido que esos límites existentes (o si no existen, peor todavía) se rebasen y el otro ejerza un control emocional. Los límites ayudan a no perder el enfoque, a guiar las decisiones; nos mantienen en el camino que se ha establecido para transitar en la relación.

Dios nos hizo personas autónomas, independientes y libres. Una relación de amor no debería cambiar estas características, sino afirmarlas, porque una relación de noviazgo debe tener como parte de su propósito ayudarnos a crecer, fortalecer vínculos. Los límites proporcionan libertad, refuerzan la dignidad y el respeto entre la pareja de novios.

EL PERFIL DE LA PAREJA

Para tomar una decisión inteligente en el amor es importante hacer una lista de las características que identifican a esa persona que quiere ser un compañero o compañera de vida. Esto puede servir como una guía a la hora de elegir, porque ante el enamoramiento, la razón y el buen juicio deben ser la guía. Una relación que se ha establecido con miras al matrimonio no se debe improvisar, además de que, como ya se dijo, no basta estar enamorados.

Al pensar en las características de la persona con la que se quisiera compartir "el resto de nuestras vidas", no se puede pretender describir a la persona perfecta, porque no existe. Hacer una lista de características no es para crear estándares rígidos, inflexibles y difíciles de alcanzar; es una manera de buscar establecer expectativas razonables, realistas, que conduzcan a establecer relaciones saludables y que nutran nuestra dignidad humana.

Una lista de características razonables es una hoja de ruta para tomar decisiones en el campo del amor. Es importante tener en claro con qué personas queremos compartir la vida, para que sea posible identificarla gracias a esas características que ya se han establecido de lo que se quiere. Escribir una lista es plasmar los sueños en un papel, es indagar en lo profundo de nuestro corazón para hablar con Dios a detalle. Hacerlo será un momento de emoción que fijará en la mente el anhelo del corazón. Será una lista que algún día podremos mostrar a esa persona con la que nos hayamos casado y contarle todo lo que soñamos aquel día, años atrás, en que la hicimos.

Las cualidades que se mencionan en la siguiente lista no solo describen a la persona amada, sino que procuran reflejar el carácter y forma de ser de quien la hace. Recuerda, no podemos demandar algo que no hemos trabajado en nosotros mismos primero.

Esta lista la elaboró una joven de 18 años, y fue su guía a la hora de decidir con quién deseaba casarse:

- Que tenga valores familiares fuertes, tales como el respeto y la fidelidad; que valore el matrimonio como una relación para toda la vida;

- carácter dulce, suave, tierno, cariñoso, amoroso; pero seguro y de convicciones firmes;

- que conozca y ame a Dios con todo su corazón;

- emocionalmente estable;

- centrado en su comportamiento y en su forma de pensar y hablar, pero sin perder la espontaneidad;

- paciente, que no se irrite con facilidad;

- maduro;

- tolerante y sensible;

- comprensivo;

- sincero y honesto, que sea recto en su proceder;

- bueno, y que siempre busque hacer lo correcto;

- no rencoroso y mucho menos amargado;

- generoso y compasivo;

- alegre y dinámico;

- no envidioso ni jactancioso;

- no celoso ni egoísta;

- atento, amable y cortés;

- que sea pacificador y de buen temple;

+ humilde, que no sea orgulloso ni tenga prejuicios sociales;

+ dadivoso con las personas;

+ generoso y cooperador;

+ sociable, que le guste la gente y el trato con ella;

+ simple, sencillo, no complicado; pero a la vez amplio en su manera de pensar y de ver las cosas;

+ que disfrute de todas sus experiencias;

+ un visionario con deseos de superarse, perseverante, emprendedor, con iniciativa propia y confianza en sí mismo;

+ que se instruya lo suficiente y aspire a cosas grandes;

+ que busque que sus conocimientos sean ricos y amplios en toda área;

+ disciplinado y trabajador;

+ sabio y que me enseñe con su conocimiento;

+ que me ayude a crecer como persona;

+ con un desarrollo educacional y familiar similar al mío;

+ que su familia sea abierta y cálida;

+ que pueda llegar a ser un gran padre;

+ que tenga un vocabulario rico;

+ aseado, cuidadoso de su cuerpo y arreglo personal;

+ temeroso de Dios, con buena formación espiritual y moral.

¡Atrévete a elaborar tu propia lista! Te ayudará a tener un mejor criterio a la hora de decidir con quién casarte, y al mismo tiempo allanará el camino hacia donde se quiere llevar la relación.

El éxito en el matrimonio, al igual que en las diferentes áreas de la vida, requiere confianza en Dios, dejarse guiar por buenos consejeros, avanzar lentamente por las diferentes etapas del amor y, sobre todo, tener claro hacia dónde se quiere llegar.

Hace unos días leí una interesante reflexión que un padre hace con su hija cuando llegó el día de su graduación, en donde el padre pretende enseñarle que debe quedarse en una relación cuando ella sea correctamente valorada y apreciada.

"Un padre dijo a su hija: 'Te has graduado con honores. Aquí tienes un auto que compré hace muchos años. Es bastante viejo. Pero antes de que te lo dé, llévalo al lote de autos usados del centro y diles que quiero venderlo, a ver cuánto te ofrecen por él'. La hija fue al lote de autos usados, regresó a con su padre y le dijo: 'Me ofrecieron 1000 dólares porque dijeron que parecía bastante deteriorado'.

El padre le dijo: 'Ahora llévalo a la casa de empeño'. La hija fue a la casa de empeño, regresó a su padre y le dijo: 'La casa de empeño ofreció solo 100 dólares porque es un auto viejo'. El padre le pidió a su hija que fuera ahora a un club de autos antiguos y les mostrara el auto. La hija llevó el auto al club, y al regresar le dijo a su padre: 'Algunas personas en el club ofrecieron

100 000 dólares por él, porque es un ícono de auto y es buscado por muchos coleccionistas'. Entonces el padre le dijo a su hija: 'El lugar correcto te valora de la manera correcta. Si no eres valorada, no te enojes, significa que estás en el lugar equivocado. Los que conocen tu valor son los que te aprecian... Nunca te quedes en un lugar donde nadie vea tu valor'". (Autor desconocido)

Esta reflexión nos recuerda que la decisión de permanecer en una relación es nuestra, y debemos hacerlo si en ella somos valorados y apreciados. No permanezcas en una relación donde experimentas abuso, agresión y menosprecio. El amor verdadero ayuda a crecer y hace sentir bien.

LA REFLEXIÓN, EL ANÁLISIS Y EL CONSEJO TIENEN BENEFICIOS

Si al amor añadimos reflexión; análisis y consejo al enamoramiento, obtendremos grandes beneficios, como:

+ Tomar decisiones con una alta dosis de sabiduría.

+ Ser capaces de distinguir entre cualidades esenciales y simple apariencia.

+ Discernir si la persona que nos gusta nos conviene o no. Esto evita involucrarse en una relación abusiva y ahorra tiempo y energía.

+ Tener una mayor posibilidad de estar en una relación saludable.

- Aumenta la probabilidad de estar con alguien que realmente nos quiere por lo que somos.

- Tener una relación con más oportunidades de éxito en un futuro matrimonio.

- Permite anticipar las cosas y no tener sorpresas inesperadas.

- Nos posiciona como personas que eligen, en vez de convertirnos en mendigos emocionales.

Si lo que se está viviendo en la relación no se analiza, entonces:

- Se experimentará desilusión. Despertar un día para descubrir que nosotros o nuestro cónyuge tenemos áreas del carácter que debimos superar antes de contraer matrimonio, o que se apresuró el tiempo cuando en realidad debieron llevar un proceso más lento.

- Se sentirá molestia y vergüenza por no haber visto esas cosas desde el principio o por no haber escuchado el consejo que advertía lo que estaba por venir.

- Sucede el darse cuenta de que se ha gastado tiempo, energía y recursos en una relación sin futuro; lo que causa desgaste emocional y dolor.

- Pero, sobre todo, se vivirá en frustración, hasta terminar conformándose con vivir una relación no saludable, dejándose invadir con el pensamiento: "Qué me queda". Y todo por haber ignorado los consejos recibidos, o por no distinguir las luces rojas que se encendían indicando que se estaba tomando una mala decisión.

Toda relación tiene áreas por mejorar, retos por vencer, dificultades por superar, donde cada uno deberá ir mejorando su carácter. Porque el noviazgo y el matrimonio es un escenario que nos permite mejorar como personas. Es decir, no se busca la perfección, pero sí una persona dispuesta a crecer, aprender y a seguir desarrollándose.

¿CÓMO SABER QUE SE TIENE UNA RELACIÓN SALUDABLE?

Si lo que se quiere saber es si la persona con la cual se ha estado saliendo es la más conveniente para ser esposo o esposa, debemos conocer las características de una relación saludable.

Una relación ha alcanzado la madurez necesaria cuando la pareja se convierte en buenos amigos, disfrutan estar juntos, la comunicación es fácil, franca y natural. Existe un sentimiento mutuo. Tienen ideales en común y conceptos de familia parecidos. Sus mundos tienen relación y les ilusiona compartir sus metas y proyectos. Ambos son fieles a los valores que profesan.

Cuando tienen conflictos, son capaces de superarlos sin herirse. Se divierten y la pasan bien juntos, se saben personas libres y se sienten respetados el uno por el otro. Su familia y sus mejores amigos están sinceramente emocionados con esta relación. La atracción es mutua y sienten que la relación tiene futuro. Viven una relación estable, se sienten seguros el uno con el otro y tienen ilusión por construir un futuro juntos.

Capítulo 3

EL AMOR TIENE CARACTERÍSTICAS ÚNICAS

El amor es paciente, es bondadoso.
El amor no es envidioso ni jactancioso ni orgulloso.
No se comporta con rudeza, no es egoísta, no se enoja
fácilmente, no guarda rencor. El amor no se deleita en la
maldad, sino que se regocija con la verdad.
Todo lo disculpa, todo lo cree, todo lo espera, todo lo
soporta. El amor jamás se extingue.
—1 Corintios 13:4-8

El amor *no* es un sentimiento que se fundamenta totalmente en las emociones, porque estas son cambiantes. El amor posee características propias que lo identifican y que deben estar presentes cuando decimos amar. Por esta razón, debemos reconocer las marcas que identifican el amor verdadero para saber distinguirlo en una relación de noviazgo.

Las características que identifican el amor no se negocian, y es necesario que estén presentes en toda relación. Es fundamental que puedas distinguirlas como una marca en el carácter y forma de ser de la persona en quien tienes interés.

Las características del amor descritas en 1 Corintios 13 deben estar presentes en un noviazgo saludable, deben conocerse a profundidad para no ser manipulados o engañados. Existen depredadores sexuales que son expertos en conquistar, solo desean el placer sexual y luego desechan a la otra persona con menosprecio. He visto esta escena muchas veces y no es justo jugar con los sentimientos de las demás personas. Por eso debes saber distinguir si lo que hay en tu relación es amor o un mero capricho emocional.

El amor acepta a la otra persona tal cual es, es paciente y compasivo. No es grosero, porque es amable. No es egoísta, porque es bondadoso. No hace nada indebido, ni se comporta con rudeza. Todo lo disculpa, perdona con prontitud y no guarda rencor. Confía porque es fiel, se deleita en hablar la verdad y se comporta con honestidad. Valora las características positivas de la otra persona y disimula los defectos, porque sabe que ni uno ni otro es perfecto. Concede honor y es respetuoso. No se impone, no manipula y tampoco puede ser sometido. El amor es libre y voluntario, por eso siempre conquista y no se cansa de dar.

Una relación donde se dice que predomina el amor debe evidenciar las características descritas en 1 Corintios 13. Es importante tener claro lo que la Palabra dice para poder distinguir el amor de un simple capricho emocional o de una relación abusiva o de codependencia.

El amor no ocurre en secreto, donde nadie se entera; el amor se luce en público, porque es una relación lícita, abierta y con buenas intenciones, y dentro del noviazgo es con miras al matrimonio. Por eso, si alguien dice que te ama, pero oculta su relación, solo está jugando con tus sentimientos. Si estás en esas circunstancias, termina lo más pronto posible esa relación antes de que sea demasiado tarde.

Si alguien dice que te ama, pero no quiere que tu familia se involucre en la relación porque "quien está enamorado o enamorada eres tú, no ellos", esa persona en realidad no te ama, porque cuando alguien te ama de verdad, ama todo lo que te representa y es parte de tu vida.

Es importante saber distinguir las señales que indican que se está en una relación donde no hay amor. *No existe amor* cuando existe agresión psicológica, sexual o física. Cuando se intimida y se vive bajo el régimen del temor y el miedo. *No existe amor* cuando la persona se avergüenza de la relación, y por eso constantemente corrige a la otra persona en público. *No existe amor* si la relación se vive en oculto porque es ilícita, o bien, porque no cuenta con el respaldo de los padres. El amor recorre el camino de la conquista, y por esta razón, gana la confianza de la persona y de la familia. No se apresura, y tampoco exige que las cosas se hagan a su manera.

El amor se cultiva, se riega, y con el paso del tiempo, si se cuida bien, crecerá y se consolidará. Una relación llena de amor es placentera para quien la vive y a la vez, es de inspiración y ejemplo para quien la admira desde afuera.

Profundicemos en algunas de las características del amor.

EL AMOR ACEPTA

El amor crece cuando ambos se conocen a profundidad y se aceptan mutuamente tal cual son. Para que el amor prevalezca, es necesaria la aceptación tanto de las virtudes como de los defectos de ambos, de nuestros momentos buenos y de los malos, de las áreas en las que somos excelentes y en las que no tanto. El amor no obliga al otro a cambiar su forma de ser o de pensar, el amor acepta a la persona tal cual es.

Cuando se decide amar, se ama todo lo que una persona es: sus cualidades, sus fortalezas, sus debilidades, lo que cree, su fe, los compromisos que ha hecho consigo misma y con Dios. En el noviazgo se debe tener la libertad de mostrarse tal cual se es. Sin aparentar nada. Sin maquillaje. Solo si el otro conoce todo lo que somos y, aún así decide quedarse, sabremos que ese amor es real. El mostrarnos tal cual y dejar que la otra persona sea tal cual es, ayudará a no ser sorprendidos en el matrimonio por actitudes o reacciones que desconciertan y provocan sentimientos de desilusión o frustración. Si estás en una relación en la que se te exige cambiar la esencia de lo que eres, esa relación no es saludable y debes alejarte lo más rápido posible.

Una de las luchas que podrían presentarse en el noviazgo es que uno de los dos insista en cambiar del otro su forma de ser, sus costumbres y hábitos. Nuestro trabajo en la relación no es corregir constantemente a quien decimos amar, ni insistir en que cambie su forma de ser; sino amarle tal cual es, y cuando lo hacemos, es fácil admirarle y respetarle. Normalmente insistimos en cambiar a la otra persona, sobre todo cuando venimos de diferentes contextos sociales, culturales o educacionales, o bien, cuando nuestro nivel de tolerancia es muy bajo.

Si te has enamorado de una persona con costumbres, hábitos y modales diferentes a los tuyos, debes saber que probablemente nunca cambie su forma de ser. Si consideran que esto será un problema porque son de contextos culturales muy diferentes, deben evaluar si deben seguir juntos, porque será un cuento de nunca acabar estar corrigiendo al otro por su forma de vestir, su manera de hablar o sus hábitos. Dar una recomendación cuando se solicita es válido, pero corregir a la otra persona constantemente solo porque consideramos que está equivocada, no es una norma aceptable en el amor.

Para ilustrar este punto. Una esposa que se había casado con alguien de otra cultura dijo: "Mi esposo nos contó que, en su cultura, ellos podían desayunar pescado, y comencé a ver que para él eso era algo normal, o bien, desayunaba lo que había quedado de la cena el día anterior. Al verlo reaccioné con desagrado, de forma irrespetuosa y hasta hiriente. Me llegué a burlar de él, e hice comentarios llenos de sarcasmo. Le provoqué dolor y le hice sentir incómodo en su propia familia, porque no le permitía ser quien realmente era. Mi esposo cambió sus costumbres con tal de adaptarse a una cultura diferente, y yo comprendí que no había actuado bien al hacerlo sentir incómodo en su propio hogar".

En el noviazgo deben sentirse cómodos con la forma de ser de cada uno, esto muestra respeto y admiración. Por tanto, para una relación de noviazgo hay que buscar personas con las cuales sentirse identificados, con quienes se tengan cosas en común, con quienes haya ilusión de compartir su mundo, sus alegrías y retos.

Por lo regular, la atracción se da a partir de dos polos opuestos. El ordenado se enamora del espontáneo, y bajo los efectos del enamoramiento eso parece fantástico, aunque con el tiempo se debe buscar el equilibrio para que los puntos de coincidencias sean muchos.

EL AMOR ES PACIENTE

El que ama siempre hace lo mejor por la otra persona. La paciencia se demuestra, por ejemplo, cuando ninguno se apresura a sacar conclusiones antes de escuchar a la otra persona, cuando se tiene una buena actitud, sin enfadarse con facilidad, sino siempre con una respuesta tranquila cuando suceden las diferencias. También cuando se demuestran mutuamente misericordia y se hace el esfuerzo por ser cada vez más tolerantes. La paciencia permite comprender que en el noviazgo ambos fallan y que, cuan humanos que somos, en algún momento también necesitaremos de la comprensión y la tolerancia del otro.

El amor nos inspira a transformarnos en personas pacientes. Cuando se es paciente hay una respuesta positiva frente a situaciones negativas o se es tardo para enojarse, se guarda la compostura en lugar de enfadarse con facilidad. En vez de ser impacientes y exigentes, el amor nos ayuda a calmarnos y a demostrar misericordia. La paciencia trae tranquilidad al corazón durante una tormenta externa. A nadie le gusta estar cerca de una persona impaciente, que reacciona caprichosamente, con enojo, insensatez y de manera hiriente.

Somos pacientes cuando decidimos controlar las emociones en lugar de permitir que estas nos dominen, y recurrimos a reaccionar con tacto en vez de devolver mal por mal.

La paciencia nos ayuda a ser seres humanos, por lo que es válido enojarse, reclamar y estar en desacuerdo, porque son oportunidades para practicarla.

La paciencia nos ayuda a comprender que todos fallamos, y cuando se comete un error, es la que nos permite darle más tiempo a la persona para que reflexione.

La paciencia nos ayuda a resistir durante las épocas difíciles en la relación, en lugar de huir ante la presión.

Hay pocas personas con las que resulta tan difícil vivir como con alguien impaciente. Amar es un proceso de aprendizaje, donde la paciencia es una de las lecciones más importantes a aprender. Es una virtud que vale la pena desarrollar.

Decide que serás paciente contigo mismo y con la otra persona; elogia siempre aquello que hace bien y piensa antes de reaccionar ante sus errores.

EL AMOR ES AMABLE

La amabilidad nos convierte en personas agradables. Cuando somos amables las personas desean estar cerca, perciben que somos buenos con ellos y que les hace bien nuestra compañía. Ser amable es algo práctico y requiere acciones concretas entre ambos: estar atento a las necesidades del otro, buscar la forma de servir con prontitud, estar dispuesto a ayudar y tener la iniciativa para atender y hacer sentir bien al ser amado. Cuando se es amable con la persona a la que se ama, al ver una necesidad, se procura colaborar con alegría.

La persona amable es espontánea, cálida, mira a los ojos cuando le hablan, y se identifica con los sentimientos y las necesidades del otro. Es fácil sentirse cómodo con una persona amable.

La amabilidad desarrolla un ambiente agradable en la relación y nos convierte en personas encantadoras. Cuando somos amables, las personas quieren estar cerca. Perciben que somos buenos con ellas y que les hacemos bien.

Dios siempre nos invita a subir a un nivel que inspire a los demás, por eso nos dice: *Alégrense siempre en el Señor. Insisto: ¡Alégrense! Que su amabilidad sea evidente a todos.* (Filipenses 4:4, 5) Cuando somos amables, cálidos y serviciales, se nos hace más fácil convertirnos en personas alegres y felices. Por eso, para lograr una buena relación en el noviazgo se requiere de un corazón sano, que nos conduce a ser amables, alegres y felices.

CARACTERÍSTICAS DE LA AMABILIDAD:

- **Sensibilidad.** La amabilidad nos hace sensibles a las necesidades del otro.

- **Mueve al servicio.** Estar siempre dispuestos a atender con agrado al otro; solícito en hacerlo.

- **Ser atento.** Solícitos a las necesidades de la otra persona.

- **Disposición.** La amabilidad inspira a estar dispuestos, en lugar de ser indiferentes.

- **Iniciativa.** Las personas amables no se sienten obligadas, toman la iniciativa para atender y servir a los demás. Son quienes saludan primero, sonríen primero, sirven primero, perdonan primero. No necesitan que el otro haga las cosas bien para demostrar amor, porque aman con iniciativa.

Sé amable con el otro; sensible a sus necesidades y da el primer paso. Ten la iniciativa en cómo ser amable. Es una muestra de amor.

EL AMOR ES BONDADOSO

Si hay una palabra que signifique lo opuesto al amor es el "egoísmo", y cuando una persona pone sus intereses, deseos y prioridades antes que las del amado, es una señal de egoísmo. La cultura que nos rodea nos enseña a concentrarnos en nuestra apariencia, en nuestros sentimientos y deseos personales como si fueran la prioridad fundamental. Pero cuando hay amor entre ambos, ninguno de los dos se cansa de dar, de entregar, de hacer el bien y de velar por las necesidades del otro, porque esta es su naturaleza.

Uno no puede actuar con amor verdadero y con egoísmo al mismo tiempo; las acciones se convierten en algo fingido y sin esencia.

El amor trae realización y alegría interior. Cuando le damos prioridad al bienestar de la otra persona, hay una satisfacción que las acciones egoístas no pueden copiar.

Si te resulta difícil sacrificar tus propios deseos para beneficiar a quien amas, quizá tengas un serio problema con el egoísmo. A las personas egocéntricas les resulta difícil admitir su problema. Por eso es importante hacerte esta pregunta: ¿En qué inviertes tu tiempo, energía y dinero? Estas tres cosas, tan importantes para todos, son el termómetro que dice dónde está el corazón. Por tanto, es difícil que nos importe algo en lo que no estamos invirtiendo tiempo, energía y recursos.

Cuando en el noviazgo una persona se queja sin parar del tiempo y la energía que gasta para satisfacer las necesidades del otro es una señal de egoísmo, y con el tiempo se volverá insensible a las necesidades de esa persona. Porque el egoísmo nos aleja de los demás; en donde nunca hay real ni total satisfacción.

Si el deseo es que el amor conduzca hacia una agradable convivencia, hay que dedicar tiempo, dinero y esfuerzo en aquello que nos acerca. Tal y como lo dice Pablo: *Más bien, sean bondadosos y compasivos unos con otros, y perdónense mutuamente, así como Dios los perdonó a ustedes en Cristo* (Efesios 4:32). Una de las características fundamentales del amor es que hace el bien. Una persona bondadosa tiene la tendencia a hacer el bien. El amor nunca se cansa de dar, de entregar, y de hacer el bien porque esa es su naturaleza.

EL AMOR NO ES GROSERO

Ser grosero significa decir o hacer algo innecesario que le haga pasar un mal momento a la persona que está cerca. Ser grosero es actuar en forma irritante y humillar a la persona que decimos amar. Se manifiesta cuando hacemos bromas que hieren, decimos sobrenombres que descalifican o utilizamos el sarcasmo para lastimar. El amor genuino cuida el corazón del otro, le respeta en todo momento y reconoce sus virtudes.

Desde cualquier punto de vista, a nadie le gusta estar cerca de una persona grosera, hiriente o egoísta. La conducta grosera puede parecerle insignificante a quien la practica, pero es desagradable para los que están cerca.

Puede que nos comportemos groseramente porque lo vivimos como algo normal en nuestra familia. Pero de ninguna manera debe legitimarse una conducta que sabe y es evidente que lastima al otro. Es decir, no aceptes como válida una conducta que te lastima. Es un comportamiento realmente grosero cuando se humilla con gritos, menosprecio, rechazo, burla o sarcasmo. Si la persona que lo hace es consciente de que debe cambiar, pero no sabe cómo hacerlo, debe buscar la ayuda de un profesional que le acompañe en el proceso.

Es necesario recordar el impacto que el cónyuge tendrá en las futuras generaciones, por eso contraer matrimonio con alguien que es grosero podría ser la antesala de una relación llena de temor, inseguridad y dolor. Recuerda, modificar una conducta que se instaló en la niñez, adolescencia o juventud es muy difícil erradicarla así nada más, su impacto en las futuras generaciones es impresionante. Si tú eres una persona grosera, en ti está la decisión de cambiar, busca ayuda inmediatamente y no justifiques de ninguna forma tu comportamiento.

Cuando una persona es impulsada por el amor, se comporta intencionalmente de una manera que le resulte agradable al otro. El amor genuino cuida sus modales en todo momento y se disculpa cuando lastima a la otra persona.

Los buenos modales hablan bien de ti, y le expresan a quien amas que deseas ser una persona con quien es agradable estar.

Cuando decides ser una persona agradable, generas una atmósfera placentera cuando estás junto a la otra persona.

EL AMOR ES TARDO PARA OFENDER Y RÁPIDO PARA PERDONAR

Las personas que son irritables están listas para reaccionar en forma exagerada. Enojarse con facilidad indica que hay un área escondida de egoísmo o inseguridad en donde se supone que debería reinar el amor.

Una persona que ama tiene misericordia y controla su carácter. Una persona amorosa no es demasiado sensible ni malhumorada, sino que ejerce el dominio propio. Una persona que ama es respetuosa, evita decir palabras que ofenden y es considerada ante los errores de los demás.

¿POR QUÉ LAS PERSONAS SE VUELVEN IRRITABLES?

Una de las principales causas es por el estrés. El estrés agobia, agota la energía, debilita la salud y predispone a estar de mal humor. Puede producirse por exceso de trabajo, discusiones, o bien, por el cansancio extremo o la amargura.

Otra de las causas por las que una persona se vuelve irritable es por el resentimiento y la falta de perdón. El resentimiento se arraiga cuando se permite crecer al enojo. El enojo sin resolver provoca que una persona se vuelva amargada, y esto se manifiesta cuando llegan las tensiones.

Por otro lado, el orgullo nos convierte en personas irritables. El orgullo hace que uno actúe con dureza, por eso, se debe trabajar la dureza desde el corazón para lograr ser sensibles, compasivos y misericordiosos.

El amor lleva al perdón, no al rencor; a ser agradecidos en lugar de egoístas. El amor se alegra cuando la otra persona triunfa y le va bien.

Frente a las circunstancias difíciles en el noviazgo, se debe reaccionar con amor en lugar de irritarse. A lo largo del camino surgirán crisis, circunstancias difíciles y problemas que en ocasiones serán inevitables. Todo se trata de una decisión: actúo con amor y aporto a que prevalezca la calma o, por el contrario, me irrito y provoco que el ambiente se torne más pesado.

Amar es manejar adecuadamente nuestras emociones para evitar ofender, humillar o lastimar a quien se ama. Y si he ofendido, me disculpo con prontitud. Cuando se ama, no nos permitimos maltratar a la otra persona, y si lo hacemos, nos disculpamos y corregimos la conducta que lastima.

Como en toda relación, en el noviazgo fallarán el uno al otro en algún momento. Pero con el amor, el odio no se acumula, ni el rencor y mucho menos un deseo de venganza. Una persona que ama demuestra misericordia y conduce sus emociones para no convertirse en una persona hiriente.

El amor nos guía a perdonar en lugar de guardar rencor, por lo que no lleva la lista de las fallas cometidas.

Evidentemente, perdonar en una relación de noviazgo no significa permitir el maltrato, la humillación o persistir en una relación en la que se piden disculpas después de un acto o comportamiento que denigre a la persona amada, tal como la violencia física, psicológica o la infidelidad. Si esto es un patrón en la relación de noviazgo, es motivo para que huyas.

EL AMOR TIENE BUENOS MODALES

Entre las principales razones por las que las personas son groseras están: el egoísmo, el resentimiento y la mala educación.

Las personas nacen sin saber nada sobre los buenos modales y necesitan mucha ayuda y enseñanza; proceso que se va desarrollando en su crianza. Sin embargo, en muchas familias van quedando vacíos en cuanto a los buenos modales y, al crecer, todos necesitamos romper los patrones que lastiman a las personas que amamos. No hay respuesta más superficial que aquella que dice "Yo soy así". Cuando se ama, modificamos aquellas conductas que afectan la relación y no se vuelve algo pesado, sino que es un placer hacerlo por el bienestar de ambos.

Es hora de dejar de hacer todo eso que molesta a quien se dice amar. La meta es evitar la conducta que hace que la vida le resulte desagradable a la otra persona. Por ejemplo: criticarle en público, burlarse de lo que hace, gritarle, corregirle constantemente, menospreciar su trabajo, compararle con otros, etc.

CUATRO PRINCIPIOS PARA TENER BUENOS MODALES EN EL NOVIAZGO

1. Trata a tu novio o novia de la misma manera en la que quieres que te traten.

2. Tengan en su noviazgo los mismos modales que los identifican cuando están con extraños, con amigos y compañeros; es más, supérenlos.

3. Escucha las recomendaciones que él o ella te hace para mejorar.

4. Solicita que te diga las cosas que le incomodan o le irritan de ti. Pero no te justifiques cuando te lo digan, sino asúmelo con el corazón de alguien que desea mejorar. Ten siempre el deseo de hacer agradable la convivencia.

EL AMOR RECONOCE LAS CARACTERÍSTICAS POSITIVAS

El amor nunca se cansa de admirar los talentos, las habilidades y las cualidades que tiene la otra persona. Por lo que se requiere tener un corazón sano para amar; de lo contrario, se vuelve una competencia con la otra persona, una vida de rivalidad y envidia. Cuando se ama se siente la dicha de estar con quien admiramos, quien no es un rival a quien tenemos al lado, sino un aliado y compañero de viaje… de vida.

Cuando admiramos, reconocemos lo positivo en lugar de resaltar las debilidades y los fracasos. El amor no ignora que existen áreas que se deben mejorar, pero decide concentrarse en valorar las virtudes que identifican a quien se ha decidido amar. El amor se alegra cuando el otro triunfa y le va bien en la vida, porque el amor no compite, no envidia, no tiene celos.

EL AMOR ES INCONDICIONAL

En toda relación humana habrá sus decepciones, y el noviazgo no es la excepción. El amor solo puede durar si se está comprometido en admirar las virtudes en lugar de solo ver lo malo. El amor es una decisión sostenida en el tiempo, y si ambos deciden comprometerse, deberán amarse en cualquier circunstancia, porque van a experimentar crisis y a vivir momentos de duda.

La incondicionalidad se refiere a ser amados aun siendo imperfectos. El amor da espacio para fallar y, aún así, seguir amando incondicionalmente. Ser amado más allá de los defectos nos permite vivir sin el angustiante miedo a fallar o a no dar la talla. Amar de forma incondicional significa ver la esencia de la persona amada más allá de sus errores. Un amor incondicional permite vivir en una relación que aporta la seguridad de estar al lado de alguien que no se rendirá fácilmente ni amenaza constantemente con abandonar la relación.

Si crees que estás en una relación que vale la pena proteger y sostener en el tiempo, debes comprometerte a disculpar los errores que sucedan en el camino y acompañar al otro en los momentos difíciles. Amar es permanecer juntos a pesar de las circunstancias difíciles que siempre se presentan. El amor incondicional supera las crisis, perdona los errores del camino y mantiene intacta la admiración mutua. Porque toda relación pasa por crisis, y estas solo están para superarse.

EL AMOR CONCEDE HONOR

Honrar a alguien significa respetarlo, tenerlo en alta estima, tratarlo como a una persona especial y de gran valor. De igual forma, nos sentimos valorados cuando la persona que amamos es cortés, educada, toma en serio lo que decimos y nos habla con respeto y consideración.

El que ama siempre tiene en alta estima a la otra persona, le concede un lugar de privilegio y en todo momento le da el lugar que le corresponde. Cuando la honra está presente, no nos despreciamos, no nos permitimos humillarnos o faltarnos al respeto. La honra nos permite tener presente las características de valor del ser amado y querer permanecer a su lado, por eso no actuamos hiriendo o perjudicándole. Honrar es recordar el valor de las personas que amamos y luchar por proteger su dignidad y estima.

Una novia o un novio no debería sentirse presionado a ser perfecto para recibir aprobación, sino sentirse en la libertad de caminar con soltura. En toda relación caracterizada por el amor se debe caminar sin temor ni vergüenza.

La honra es incondicional: si tú demandas que el otro se comporte de cierto modo para merecer su honra, él o ella sufrirán emocional y espiritualmente. Nadie debe sentirse obligado a estar dispuesto a todo con tal de mantener una relación de noviazgo.

EL AMOR ES FIEL

La fidelidad es el valor más importante cuando se ha decidido amar. Ser fiel significa honrar, cuidar, respetar y ser leal a la persona que se ama. Una persona fiel es libre, no tiene que ocultarse y no vive con temor. Una persona fiel canaliza todo su potencial en la persona que ama y se esfuerza en fortalecer el vínculo que les une.

Ser fiel es una de las cualidades más importantes que deben desarrollarse desde el noviazgo, porque el amor será probado y requerirá de mucha fuerza de voluntad, de convicciones firmes, de cerrar puertas peligrosas y de proteger la relación a toda costa. Por eso, rinde cuentas a Dios, a tu novia o novio, a un líder espiritual de tu iglesia y, sobre todo, a ti mismo.

RECONOCE LAS CARACTERÍSTICAS POSITIVAS

Lo contrario al reconocimiento es el menosprecio. Es fácil con el tiempo solo ver los aspectos negativos en la otra persona y se requiere un gran esfuerzo para volver a concentrarse en las virtudes. Si todo de la otra persona decepciona, molesta y cuesta admirarlo, es mejor terminar con esa relación, porque nada va a cambiar con el tiempo. Esto va a generar un viaje de frustración, confusión y rechazo hacia la otra persona, por lo que no vale la pena continuar así en la relación ya que terminarán heridos.

Reconocer los atributos que tiene la otra persona nos permite admirarla. El amor crece cuando admiramos. Podemos admirar y reconocer su sinceridad, su alto espíritu de superación, su inteligencia, su espíritu de servicio, el que sea un excelente cocinero o bien, que sea ordenado, gentil, amable y cooperador. Lo importante es tener presente las características que permiten a ambos tratarse con respeto, consideración y aprecio. Grabar esos momentos en la memoria serán después el combustible para que el amor crezca.

Admirar es una virtud que se debe cultivar siempre.

Si permites que tu mente se llene de las cosas negativas que tiene la otra persona, esa relación estará destinada al fracaso, hará que la desilusión lentamente los vaya distanciando. Pero si la otra persona está llena de virtudes y se distinguen sus buenos atributos, apréciala y mantén viva la ilusión de estar juntos.

El amor reconoce que existen cosas que no son buenas en la otra persona, porque nadie es perfecto, pero decide concentrarse en valorar las virtudes que la identifican.

El amor decide creer lo mejor de las personas, por eso debe desarrollarse el hábito de frenar los pensamientos negativos y concentrarse en los atributos positivos que distinguen a quien se ama. Es un paso crucial en el aprendizaje para guiar el corazón a amar de verdad. Es una decisión que debe tomarse ahora, para que sea un hábito en un futuro matrimonio.

Escribe en una hoja las cualidades positivas de la otra persona y dile cuánto las aprecias.

Todas estas recomendaciones están dirigidas a fortalecer las relaciones saludables de noviazgo que tienen como fundamento el amor, el respeto y el cuidado mutuo. Sin embargo, si te encuentras en una relación dañada por la infidelidad, la violencia física o el abuso psicológico te recomiendo contactar a un especialista. En *Enfoque a la Familia* tenemos un equipo de consejeros y psicólogos que están dispuestos a acompañarte y escucharte.

Capítulo 4

LAS PERSONAS QUE SE AMAN SE CONVIERTEN EN LOS MEJORES AMIGOS

En todo tiempo ama el amigo; para ayudar en la adversidad nació el hermano.
—Proverbios 17:17

La meta en el amor es convertirse en los mejores amigos; si esto se logra sin tener una relación romántica se estará poniendo un buen fundamento para un noviazgo saludable que puede llegar a ser un sólido matrimonio.

Nos enamoramos de un cuerpo, de elementos externos claramente visibles para todos, pero, una vez casados, convivimos con un carácter, hábitos y costumbres, por eso es fundamental poder comprobar desde un inicio que se puede ser amigos de verdad.

EL INICIO DE LA AMISTAD

Un amigo es aquella persona con la que se ha desarrollado un vínculo de cercanía, confianza y aprecio; de quien conocemos lo mejor y también lo peor y aún así permanecemos juntos porque los lazos de amistad se han fortalecido a través del tiempo.

La amistad usualmente surge de una forma casual y espontánea, simplemente ocurre y depende de la disposición de dar el primer paso de "querer hacer amigos" y desarrollar una relación creciente. Sentimos afinidad con personas que comparten intereses, tienen valores como los nuestros y, sobre todo, hay aprecio mutuo.

Los amigos surgen al compartir cosas casuales como gustos, pasatiempos, opiniones, ideas políticas, deportes, trabajo, profesión, etc. Estos son algunos de los puntos en común que pueden propiciar el inicio de una buena amistad.

Es importante mostrarse abiertos y propiciar espacios para conocer personas interesantes. Hablen de historias personales, de los temas que les gustan, del concepto que tienen de la vida, de sus prioridades, convicciones y proyecto de vida. La clave en este proceso de fortalecer la relación con buenas personas es interesarse verdaderamente por los demás. Poco a poco, de forma muy natural y casi sin darse cuenta, se estaría comenzando a "seleccionar" a aquellas personas con las que uno se siente más a gusto y comparte intereses en común.

Nos hemos convertido en amigos cuando nos extrañamos, cuando la conversación es interesante, deseamos encontrarnos, nos divertimos juntos, reímos por cualquier cosa y no nos juzgamos, ni señalamos los errores del otro. Muchas veces podemos permanecer en silencio y, aun así, nos sentimos conectados.

Un amigo es aquella persona con la que se quiere estar, que nos acepta tal cual somos, que no intimida y tampoco manipula; con quien no me siento juzgado ni tengo que medir mis palabras al hablar, pues nos valora y anima. Un amigo es alguien a quien le puedo contar mis cosas con libertad y en quien puedo confiar.

Los mejores amigos permanecen cerca cuando todos los demás se marchan, nos comprenden con solo una mirada, y son los que ríen el mismo chiste como si fuera la primera vez, aunque lo hayan escuchado mil veces. Los amigos del corazón son solidarios, se tienen en alta estima entre ellos y, aunque vivan distantes, no se olvidan. Una buena amistad no surge espontáneamente, hay que invertir tiempo, afecto, dedicación y esfuerzo. Los amigos se hacen, no nacen. Una relación de amistad se construye y crece con el pasar de los años.

VALORES QUE FORTALECEN LA AMISTAD

Existen valores esenciales que debemos ejercitar si lo que se quiere es nutrir y desarrollar la amistad, entre los cuales están: el respeto, la consideración, la empatía, la tolerancia y la honestidad. Pero hay otro ingrediente clave para llegar a ser un amigo, y es ser incondicional. Esto significa que, sin importar las circunstancias, sin esperar nada a cambio, estaremos junto al amigo acompañándole desinteresadamente con una actitud de servicio y afecto. Los amigos se buscan espontáneamente y se acompañan en las circunstancias más difíciles. De hecho, es en medio de las circunstancias difíciles donde descubrimos quién realmente es un amigo.

Mostrarse amigo no es fácil, pero vale la pena el esfuerzo. Definitivamente tener amigos agrega valor a nuestra vida. De los amigos aprendemos, con ellos compartimos conversaciones que nos hacen reír, o bien, tenemos una reflexión profunda de los temas que nos interesan. Es agradable estar con un amigo del alma, esos que nos alegran la vida y nos hacen sentir cerca de su corazón. Es por esto que la amistad hay que cuidarla, protegerla y alimentarla.

Es en los momentos difíciles donde descubrimos cuántos amigos tenemos, y muchas veces los que quedan nos sorprenden.

Un amigo es el que dice las cosas de frente; pero a la vez protege las espaldas del otro. Le advierte del peligro, señala el error; pero se cuida de no juzgar y mucho menos de ridiculizar.

Reconoce las virtudes de tus amigos, acepta sus debilidades y disculpa sus errores.

Algunas características para ser un mejor amigo:

* *No seas posesivo*: es necesario recordar que la amistad crece cuando generamos el espacio para que nos sintamos libres para expresar nuestros gustos, ideas y decisiones. El amigo posesivo ahoga la relación. Es necesario no sofocar a nuestros amigos. Por eso, un amigo no debe sentirse presionado a compartir con nosotros; si lo hace, debe ser porque tiene el deseo de hacerlo y no porque lo estamos presionando.

* *Contribuye al crecimiento de la otra persona*: un buen amigo contribuye al crecimiento de la otra persona, refuerza su autoestima y le inspira confianza. Un buen amigo te acerca a Dios, está siempre dispuesto a dar una palabra de ánimo y a ayudar en lo que el otro necesita.

* *Sé oportuno y da estímulo*: una persona oportuna da un consejo si se lo solicitan, y procura no interferir en la vida privada de sus amigos sin ser invitado. Está presente en los momentos difíciles, aprecia las características positivas de su amigo y se identifica en tiempos de tristeza.

* *Pasa tiempo junto a tu amigo o amiga*: la amistad crece cuando pasamos tiempo juntos. Tengo amigos que han recorrido miles de kilómetros solo para estar unos días

juntos. El encuentro es agradable, las conversaciones son amenas y el deseo de volver a vernos nos llena de ilusión.

+ *Inspira confianza*: sin confianza la comunicación se vuelve superficial, y con el tiempo la amistad muere. La confianza crece cuando somos confidentes, hablamos la verdad y nos protegemos las espaldas.

Tener amigos del corazón es un arte que hay que cultivar.

¿CÓMO TENER AMIGOS?

+ Reconociendo que se necesitan y deseamos tenerlos.

+ Hablando bien de ellos.

+ Disculpándose cuando nos hemos equivocado.

+ Valorando las virtudes de quienes están a nuestro lado.

+ No ridiculizando o avergonzando a los amigos ante otras personas.

+ Sintiéndose orgulloso de tener a esos mejores amigos.

+ Llevándolos a conocer a otras personas.

+ Evitando ser posesivo o celoso con los amigos.

+ Inspirando confianza, cercanía y expresando afecto.

+ No pretendiendo saberlo todo, sino permitiendo que los amigos nos inspiren.

+ Permitiendo que las personas que están a nuestro lado crezcan y se desarrollen.

- Mostrándose vulnerable, y no teniendo temor al consejo sincero que los amigos dan.

- No juzgando o lastimando a un amigo en crisis.

- Siendo alguien alegre, que transmite paz, que es paciente y amable.

- Siendo humilde y bondadoso con los amigos.

- No asumiendo que los amigos están muy ocupados, sino llamándoles con regularidad para planear encuentros.

- Mostrándose como alguien solidario, atento, como una persona agradable y agradecida.

- Mostrando interés genuino por los amigos.

- No idealizando a los amigos, sino aceptándolos tal cual son; siéntete privilegiado de tener amigos cerca.

TENER AMIGOS TIENE SU RECOMPENSA

- Si uno cae, el otro le puede levantar.

- Si uno duda, el otro le puede afirmar.

- Si uno llora, el otro le puede consolar.

- Si uno es atacado, el otro le puede defender.

- Si uno se equivoca, el otro le puede corregir.

- Si uno se molesta, el otro le puede tranquilizar.

- Si uno va por el camino equivocado, el otro le puede advertir.

♦   Si uno triunfa, el otro lo celebra.

La amistad no crece a partir de lo que otros nos dan, sino a partir de mi entrega, porque quien desea tener amigos debe mostrarse amigo primero. Cuando pienso en un amigo, pienso en alguien que me inspira confianza, con quien comparto momentos importantes, alguien con quien río, sueño y celebro.

Un amigo acompaña en el momento del dolor y se identifica en los tiempos de necesidad. Un amigo es oportuno, cercano, confidente y respetuoso.

Un amigo surge muchas veces de circunstancias inesperadas, de una gran necesidad, de un gesto amable, de una ayuda casual, y al final, los dos se unen para siempre.

La amistad es lo mejor que puedes dar a otra persona; con un gesto espontáneo, oportuno y generoso podrías iniciar una relación que se extienda en el tiempo. Los amigos son ángeles que nos sostienen las manos en alto cuando las fuerzas parecen abandonarnos.

Un amigo es aquel que llega cuando todo el mundo se ha ido, es el que permanece cerca cuando otros se rinden y el que te abraza en silencio sin razón alguna.

Un amigo siempre tiene una palabra que anima, una mirada que comprende, un abrazo sincero, una sonrisa espontánea y un oído que escucha. Un buen amigo hace una visita inesperada, una llamada imprevista y facilita un encuentro que anima. Los amigos siempre tienen un consejo que aclara el camino.

Los amigos de verdad trascienden el tiempo y la distancia.

El abrazo de un amigo hace que uno se sienta bien todo el día, porque es agradable, alivia las tensiones, tranquiliza el espíritu, eleva la confianza, trae consuelo, y es que... ¡qué bien se siente el abrazo de un amigo!

Los mejores amigos son los que han apostado todo a la relación y los que se comprometen de forma incondicional a hacer crecer el vínculo. Los amigos saben cuándo el otro no está bien, lo que le hace feliz y lo que necesita. Por eso, los mejores amigos se valoran siempre.

Los amigos siempre están recordando lo que vivieron y sus anécdotas los acercan más. Se levantan el ánimo el uno al otro y se llaman solo para saludar.

Los amigos son personas con las que deseamos estar y compartir lo que nos apasiona e inspira. Respetamos la forma de ser de la otra persona y nunca nos burlamos de sus comentarios. Valoramos sus virtudes y disimulamos lo que no hace bien. Un buen amigo ilumina el camino con sus consejos y celebra nuestros éxitos.

Los amigos del corazón permanecen juntos en los momentos importantes de la vida y se ayudan voluntariamente.

Tal y como lo dijo el sabio Salomón: *Más valen dos que uno, porque obtienen más fruto de su esfuerzo. Si caen, el uno levanta al otro. ¡Ay del que cae y no tiene quien lo levante!* (Eclesiastés 4:9,10).

Dios nos hizo con la necesidad de tener amigos cercanos en quienes confiar y a quienes poder respaldar. Nacimos para amar y ser amados. Sin embargo, también debemos saber alejarnos de personas tóxicas o abusivas, y para esto se necesita valor y firmeza. *Hay amigos que llevan a la ruina, y hay amigos más fieles que un hermano* (Proverbios 18:24).

Si los amigos que tienes te están alejando de Dios o de tu familia y aun cambiando tu forma de ser, aléjate lo más pronto posible de ellos, porque tal y como advierte Pablo: *Las malas compañías corrompen las buenas costumbres* (1 Corintios 15:33).

Júntate con sabios y obtendrás sabiduría; júntate con necios y te echarás a perder. (Proverbios 13:20, DHH) Debemos ser radicales con nuestros amigos, porque el nivel de influencia que llegan a tener en nuestras vidas es determinante. Los amigos deben elegirse con una alta dosis de sabiduría, porque la influencia es tal que se llega a hablar y a caminar como ellos. Son las personas que más influencian en etapas cruciales de la vida.

Valora a los amigos que te han acompañado en el camino de la vida.

Capítulo 5

CULTIVA LA AMISTAD EN EL NOVIAZGO

Cuando decimos que dos personas han establecido una relación de noviazgo, nos referimos a la cercanía *romántica, donde la atracción es mutua y el enamoramiento es evidente.* Sin embargo, ser novios va más allá de esta esfera.

La relación amorosa en un noviazgo conlleva una serie de elementos que convierte a los involucrados en personas cercanas. Es importante distinguir algunos de los elementos que identifican una relación saludable. Algunos de estos podrían estar presentes desde el inicio de la relación, tal es el caso de la atracción física y algunos intereses en común. Otros no surgen de manera espontánea, sino que se desarrollan a través del tiempo, en la medida que ambos se dan a la tarea de conocer a la otra persona de forma integral. Conocer de forma integral incluye: cómo maneja sus emociones, cuál es su forma de expresar amor, cuáles son sus principales sueños, qué hábitos y costumbres le identifican, cuáles son sus pasatiempos favoritos, qué temas son de su interés y cuáles tenemos en común, y, sobre todo, cuáles son sus convicciones espirituales y su concepto de familia.

Este proceso de conocer a la otra persona nos ayuda a desarrollar esos otros elementos indispensables que deben distinguir un noviazgo saludable. La camaradería, la confianza, el respeto mutuo, la lealtad, la admiración y la amistad son algunos de esos elementos que se deben llegar a fortalecer. La meta debe ser: establecer una relación creciente y agradable que lleve a consolidar un vínculo fuerte, saludable y con proyección en el tiempo.

La amistad se expresa como una relación interpersonal completamente libre, voluntaria e incondicional. Se mantiene por mutuo acuerdo, pero sin declaración expresa, sin reglas que la limitan y sin condición alguna. El paso del tiempo, las vivencias compartidas y las circunstancias la van construyendo y fortaleciendo. Un amigo o amiga es aquella persona con la que se ha desarrollado un vínculo de cercanía, confianza y aprecio, y a quien nos ofrecemos sin esperar nada a cambio.

Pero en el caso del noviazgo, donde el amor es romántico, es una excelente vía para profundizar la amistad y tiene todos los elementos para que ambos se conviertan en los mejores amigos. Sin embargo, este potencial se puede ver disminuido por la reticencia de ambos a presentarse tal cual son, ya sea por temor a no ser aceptados, por deslealtad o simplemente porque existen luchas de poder en la relación.

Por lo tanto, en beneficio de la relación, deben preguntarse si tienen la confianza para mostrarse tal cual son, expresar lo que sienten y pensar con libertad, sin tener miedo a una reacción adversa del otro, e indagar si lo que están viviendo los está conduciendo a convertirse en los mejores amigos. Algunas preguntas que pueden ayudar en esta reflexión son:

- ¿Soy la misma persona cuando estamos juntos que cuando estoy con mi familia o mis amigos, o siento que tengo que fingir?

- ¿Nos divertimos, reímos, conversamos y la pasamos bien la mayor parte del tiempo?

- ¿Siento que debo pensar mucho antes de contarle mis cosas, o me siento en la libertad de expresarlas con naturalidad?

- ¿Le oculto cosas importantes de mi vida?

- ¿Siento que entre más pasa el tiempo nos conocemos mejor?

- ¿Mi familia y mis amigos se sienten en confianza con él o con ella?

- ¿Tenemos muchos temas en común y hablamos de ellos con frecuencia?

- Cuando tomamos decisiones, ¿lo hacemos en consenso o siento que se impone o me impongo?

- Cuando pensamos diferente, ¿respeta mi punto de vista?

- Cuando no estamos cerca por mucho tiempo, ¿le extraño?

- Cuando vivo algo importante o chistoso, ¿le llamo para contarle?

- ¿Me ilusiona verle?

- ¿Aprecio y valoro lo que tenemos entre nosotros?

- ¿Nos hemos convertido en los mejores amigos?

¿QUÉ HACE CRECER LA AMISTAD EN EL NOVIAZGO?

La amistad se fortalece cuando hay sacrificio, esto es, cuando las personas se entregan con generosidad, cuando se atienden mutuamente con buen ánimo y sin recriminaciones. Crece cuando se es sincero, cuando hay confianza entre ambos y se combaten los celos dañinos que crean distancia.

Somos sinceros cuando hablamos la verdad con respeto y consideración. Esto implica enfriar las emociones, ordenar las ideas y aclarar el pensamiento. No te apresures a expresar todo lo que sientes; procesa tus emociones para decir lo que piensas sin lastimar y sin recriminar.

La amistad crece cuando somos generosos en la inversión de tiempo, porque nos permite conocernos mejor y acercarnos.

Nos acercamos cuando somos sensibles, es decir, sabemos escuchar y tenemos compasión, y cuando desarrollamos la habilidad de identificarnos con los sentimientos y las necesidades de la otra persona.

Nos acerca reír juntos, pasar momentos agradables y el buen humor. Por eso, decide hacer agradable los momentos que pasen juntos, diviértanse, rían y disfruten la compañía el uno del otro.

Todos necesitamos el afecto de quien nos ama porque nos expresa aceptación, cariño y cercanía. El afecto se puede expresar físicamente, o bien con actos de servicio, obsequios, mensajes escritos, canciones, o con sorpresas que indican que se está pensando en la otra persona.

DESARROLLA LA COMUNICACIÓN

Una buena amistad se desarrolla con una comunicación abierta, respetuosa, íntima y agradable. La relación crece cuando existe comunicación a través de conversaciones amenas, intercambio de ideas, opiniones y sentimientos. Aun entre los mejores amigos, pero principalmente en el noviazgo, la comunicación tiene altibajos, no es perfecta, por lo que requiere de una buena disposición para no permitir el distanciamiento. Esto se logra cuando existen las disculpas con prontitud y se es tolerante. La comunicación es uno de los componentes más importantes para que una relación funcione y sea saludable.

EL REQUISITO DE COMPARTIR

Hay que compartir, no solo en los buenos momentos, sino también en los tiempos difíciles. Hay que estar para acompañar, abrazar, consolar, animar y, si es oportuno, para dar un consejo respetuoso. Es fácil abrir el corazón cuando se siente confianza, cuando no se es juzgado ni criticado, y se permiten ambos procesar las emociones que cada uno está experimentando.

La relación crece cuando se muestran abiertos y vulnerables, por eso, expresa lo que sientes con libertad, llora si eso te hace bien, respeta el silencio del otro, y facilita el espacio para que ella o él procese sus pensamientos y emociones.

EL COMPROMISO INDISPENSABLE

El compromiso es indispensable si se desea tener éxito en cualquier empresa, deporte o disciplina, y más aún si estás en una relación que tiene como meta la construcción de una relación de noviazgo, porque el compromiso es la plataforma para tener un buen matrimonio en el futuro. Es fácil comprometerse con algo que nos gusta y nos atrae. Sin embargo, el compromiso tiene un alto costo, porque requiere humildad, disciplina, disposición, entrega, y una alta dosis de perdón, porque en el camino habrá de ambos equivocaciones y decepciones. Sin compromiso no hay éxito en el amor.

El compromiso en el noviazgo crece cuando se hace de la relación una prioridad.

Dios nos ayude a amar sin condiciones, tal como Él nos ha amado. Dios nos ayude a ser buenos amigos, especialmente con la persona que decidimos amar.

En el noviazgo la relación es más estable cuando se saben unidos por un vínculo de pacto, donde el amor se sobrepone a los buenos y a los malos momentos, donde se acompañan en medio de la adversidad, cuando se respaldan en el quebranto de la salud, cuando deciden estar juntos en la abundancia o cuando no se tiene mucho. Si siendo novios no pueden soportar los altibajos de la vida, ¿qué les garantiza que lo podrán hacer mañana cuando estén casados? El noviazgo es la ventana que muestra cómo podría ser la relación si un día llegan a casarse.

El otro día alguien me dijo: "Me enamoré locamente de una chica preciosa. Todo caminaba de maravilla, hasta que perdí mi trabajo y esto me hizo bajar mi nivel de vida, al tiempo que buscaba ponerme al nivel nuevamente. Pero ella no lo soportó, porque se había acostumbrado a los beneficios de mi trabajo anterior, y terminó la relación. Eso me hirió, y más cuando supe que estaba con un nuevo novio y no habían transcurrido ni dos meses desde que habíamos terminado. Fue ahí cuando noté que lo más importante para ella era lo superficial, la apariencia y los lujos".

Entonces, la amistad en el noviazgo se fortalece cuando:

+ Se animan el uno al otro, lo que significa que son recíprocos.

+ Cuando son compasivos, es decir, se apoyan mutuamente.

+ Cuando se perdonan con prontitud, lo que los convierte en misericordiosos.

+ Cuando son sinceros, es decir, hablan la verdad con amor, identificación, comprensión y consideración.

+ Cuando son humildes y reconocen sus errores.

- Cuando son amables y respetan sus diferencias.

- Cuando son confidentes, cercanos y confiables.

- Cuando cultivan la amistad en el noviazgo; protegen la línea del respeto. Esa capacidad de discutir sin herirse, diferir sin subestimarse, la confianza de saber que pueden expresar sus sentimientos y pensamientos libremente.

- Cuando son afectivos y cariñosos. El contacto físico es fundamental en la relación de noviazgo; el beso, el abrazo y el cariño espontáneo y respetuoso son insustituibles, pues expresan aceptación, ánimo, fortaleza, bajan los niveles de ansiedad y acrecientan la confianza.

- Cuando los acerca realizar proyectos juntos. Los desafíos los ayudan a integrar fuerzas, inteligencia y creatividad; brindan la posibilidad de vivir momentos juntos con un propósito para edificar en una misma dirección.

- Cuando la pareja en el noviazgo se acerca en medio de la adversidad. La adversidad es inevitable, toda relación la va a enfrentar. Pero cuando se disponen a enfrentarla juntos les enseña solidaridad, compasión y crea mucha identificación. Si la persona a quien amas está pasando por un momento difícil, mantente cercano, sé solidario y compasivo.

- El diálogo sincero y rico en la expresión de sentimientos y pensamientos genera acercamiento. Igual lo hace el diálogo inteligente que aborda temas apasionantes para ambos.

* La tolerancia acerca a la pareja y hace agradable la amistad.

* El humor que arranca sonrisas y dignifica a la persona amada. No así el humor lleno de sarcasmo y menosprecio.

* Respetar la individualidad de la otra persona potencia el ser amigos del corazón. Cuando reconocen que son diferentes y que tienen intereses particulares, eso los acerca. El respeto a la individualidad es fundamental para el acercamiento, porque es aceptación y valoración de la persona como tal. Esta individualidad debe expresarse teniendo actividades y proyectos personales.

* Los acerca el saber que su amor prevalece sobre los altibajos de las emociones. Los acerca el amor fundamentado en la voluntad más que en los momentos emocionales que viven.

* La pareja se acerca cuando tiene confianza. Para que exista intimidad y confianza, el noviazgo debe ser un lugar seguro para hablar sobre sus errores, miedos, fracasos, esperanzas y sueños. Después de mostrarse vulnerables, necesitan compasión, empatía y amor incondicional; no crítica y rechazo. Del mismo modo, la confianza crece cuando son buenos amigos y confidentes,

por eso, nunca hablen con otros de aquello que les ha confiado la persona que aman.

+ Los acerca soñar, reír, cantar, el desear estar juntos y pensar en los beneficios que tiene la cercanía con la persona amada. Los acerca el tiempo compartido y las experiencias que viven juntos.

+ Los acerca saber que esta relación tiene futuro y hablan de eso con naturalidad.

+ Los acercan los detalles y las expresiones espontáneas de afecto.

+ Los acerca ser solidarios, serviciales y espontáneos en la relación. La solidaridad genera identificación, cercanía, apoyo y cooperación.

+ A los novios los acerca cuando son agradecidos el uno con el otro. Cuando se valora el esfuerzo y se expresan palabras de aprecio.

+ Los acerca cuando saben que dos pueden más que uno, y reconocen que se complementan mutuamente.

+ Los acerca cuando tienen en gran estima a la persona amada.

En conclusión: te acercas **más a quien amas** cuando tienes la voluntad para hacerlo.

Para que la amistad en el noviazgo crezca, debe recordarse que la relación es un vínculo con destino, un mañana y un futuro agradable.

Capítulo 6

TRAMPAS Y SEÑALES DE PELIGRO EN EL AMOR

Elegir a la persona que nos acompañará hacia el altar y por el resto de la vida no es fácil. Algunas veces te toparás con trampas que pueden hacerte tomar una decisión equivocada que podrías lamentar el resto de tu vida. Si logras detectar las señales de peligro a tiempo, podrías establecer un plan de acción preventivo.

En nombre del "amor" muchas personas han permitido la humillación y el maltrato de sus parejas, envolviéndose en relaciones de codependencia que los llevan a sentirse denigrados, cansados y sin salida.

Gran cantidad de estas personas se hubieran ahorrado la dolorosa experiencia de vivir relaciones tóxicas si tan solo hubieran comprendido qué significa amar y ser amados de forma verdadera; incluso, si tan solo se hubieran tomado en serio el importante proceso de elegir a la persona que los acompañará el resto de sus vidas.

El amor crece a partir del respeto mutuo, lo que fortalece una relación saludable que produce esperanza. Si la relación de noviazgo en la que estás no te está haciendo crecer, te genera temores, y has sido advertido por amistades de que estás transitando por un camino peligroso, debes tomar decisiones ¡ya! Sobre todo, toma en cuenta que la paz es el visto bueno de Dios en todos los ámbitos de tu vida, y que, si no sientes esa paz en tu relación de noviazgo actual, algo no está bien.

Si tus padres y amigos más cercanos te advierten que hay algo que no les da paz, escucha lo que te dicen, analízalo, haz preguntas, investiga sobre lo que ellos están observando y reflexiona. Podrían estarte advirtiendo sobre algo que tú no puedes ver con claridad.

Cuando se está enamorado no es fácil escuchar el consejo de los demás, porque se cree conocer bien a la otra persona. Para actuar con sabiduría en el amor hay que tener el corazón abierto y dispuesto a hacer lo correcto, aunque duela.

Es importante prestar atención cuando se presentan señales que advierten de que se está en una relación peligrosa. Si debes terminar, hazlo. Si debes darte un tiempo para reflexionar, tómalo. Si debes buscar consejo para saber qué hacer, búscalo. Si no sientes paz, es mejor terminar la relación para aclarar tus sentimientos. Pero no avances más en una relación donde estés siendo manipulado, abusado, agredido, humillado o menospreciado, y menos si sientes que tus principios se ven comprometidos.

GUARDA TU CORAZÓN

Es importante distinguir si se está en una relación peligrosa, engañosa o bien que no ha madurado lo suficiente. Por ejemplo, Sansón no supo discernir que estaba en una relación peligrosa con Dalila. A Dalila le habían pagado para que lo conquistara y les informara en qué consistía el secreto de su fuerza. Ella utilizó todas las artimañas de la conquista; la seducción y la presión, hasta que Sansón le contó el secreto que debía guardar. Dios se lo había advertido claramente que si lo revelaba a la persona equivocada tendría consecuencias.

> *Le descubrió, pues, todo su corazón, y le dijo: Nunca a mi cabeza llegó navaja; porque soy nazareo de Dios desde el vientre de mi madre. Si fuere rapado, mi fuerza se apartará de mí, y me debilitaré y seré como todos los hombres.* (Jueces 16:17, RVR 1960)

Es necesario tener discernimiento para saber cuándo correr y cuándo no exponerse más a la presión que podría terminar con todo lo que se ama y valora y que tanto ha costado construir.

La presión de Dalila a Sansón funcionó. Él le reveló el secreto de su corazón. Le dijo cómo se debilitaría. Le contó el secreto a la persona equivocada. Le reveló el voto que tenía con

Dios, lo que lo redujo al nivel de todos los hombres. Al revelar el secreto a la persona equivocada sería avergonzado, expuesto, ridiculizado, abandonado, para descubrir que todo se trataba de una trampa, de un juego emocional disfrazado de amor.

Sansón entregó su corazón a la lujuria y terminó perdiendo su posición, su visión y su honor. No arriesgues lo que no puedes darte el lujo de perder, por ejemplo, tu honor, tu reputación, tu libertad, tu integridad, tu alegría, tu amor propio, tu salud y la confianza en ti mismo. Ten cuidado a quién le entregas la llave de tu corazón, tal y como lo dice Proverbios 4:23: *Por sobre todas las cosas cuida tu corazón, porque de él mana la vida.*

¿Por qué guardar el corazón? Porque podrían pisotearlo y herirlo. Porque nuestras emociones no se pueden entregar a cualquier persona sin conocer sus intenciones. Por eso, no apresures una relación romántica, sean primero amigos y, en esta interacción, date a la tarea de conocer bien a la otra persona. Pon límites y esto te dirá si estás ante una persona egoísta, lujuriosa, autocomplaciente, o si se trata de una persona que de verdad sabe amar, respetar y proteger. Cuando no se cuida el corazón se ve afectada la capacidad de tener relaciones saludables y, al mismo tiempo, se trastocan otras áreas de la vida, lo que podría resultar muy doloroso.

No renuncies a tu posición en Cristo Jesús. No te rebajes a una posición inferior, a un lugar donde te pueden pisotear, ridiculizar, avergonzar y denigrar. No dejes que una simple tijera o una noche de placer te robe lo que tanto te ha costado conquistar, que nada ni nadie te robe lo que Cristo conquistó a precio de cruz y sangre. Así que, protege tu integridad sexual.

En muchas ocasiones, uno de los novios (ya sea el hombre o la mujer) presiona al otro para tener relaciones sexuales con mil promesas disfrazadas de amor; con historias fantásticas sobre lo que van a experimentar y luego, cuando eso termina en un embarazo, corren como cobardes, o bien, después de entregarse mutuamente desechan la relación como si fuera una simple hoja de papel. Por tanto, no te expongas a lo que podría terminar siendo un juego de pasiones.

- Ten cuidado con quién te relacionas.

- Ten cuidado con los lugares que frecuentas.

- Ten cuidado a quién revelas tus cosas más íntimas.

- Ten cuidado con tus debilidades.

- Ten cuidado a quién das tu amistad y mejor porción.

- Ten cuidado con la seducción, con la presión de grupo, con los falsos amigos, con los placeres temporales.

- Ten cuidado con la pornografía y las personas lujuriosas. La novedad excita, pero oculta las consecuencias finales.

Ante estas circunstancias, huye antes de que sea demasiado tarde.

El momento es ahora, protege el secreto de tu fuerza, de tu alegría, belleza, integridad, tu valor como persona y la gracia de tu espíritu. Protege la posición de honor que Dios te ha dado, la libertad que tienes y la alegría que te identifica. Ten cuidado con tu fragilidad, por tanto, aléjate de ambientes peligrosos, de amigos que no te convienen y de cualquier relación que te despierte pasiones peligrosas. Vuelve tu corazón a Dios, al lugar donde pertenece. Protege su dignidad, tu honor, y no comprometas tu libertad al dejarte manipular por palabras dulces y falsas promesas.

Como lo afirma nuestro Señor Jesucristo: *Lo que sale de la persona es lo que la contamina. Porque de adentro, del corazón humano, salen los malos pensamientos, la inmoralidad sexual, los robos, los homicidios, los adulterios, la avaricia, la maldad, el engaño, el libertinaje, la envidia, la calumnia, la arrogancia y la necedad. Todos estos males vienen de adentro y contaminan a la persona* (Marcos 7:20-23).

Aprender a observar con detenimiento a la persona que nos gusta permitirá ver lo que sale de su corazón, analizar sus intenciones y advertir el peligro. O bien, lo contrario, darse cuenta de que estamos ante una extraordinaria persona. No conocer bien cómo funciona el amor nos hace caer en algunas trampas que podrían evitarse, por ejemplo:

- ✦ Creer que el amor es un golpe de suerte o algo mágico que simplemente ocurre.

- ✦ Elegir a la primera persona disponible, por la desesperación de querer sentirse amado o amada.

- ✦ Actuar apresuradamente, porque se está locamente enamorado.

+ No tomar el tiempo necesario para conocer a la otra persona y terminar siendo engañado por cualidades superficiales.

+ Amar por dependencia, es decir, una persona bien intencionada se aferra a una persona con necesidad extrema de recibir amor y afecto.

+ Amar por lástima, lo que se da cuando se ha decidido estar con alguien por compasión o por la necesidad emocional que se siente. El amor romántico no es acción social, es el encuentro de dos personas maduras que se acompañan mutuamente, donde cada uno es responsable del manejo de sus emociones, de su felicidad y realización personal. No se debe permanecer en una relación porque *se siente* que es una responsabilidad acompañar a otra persona en su soledad, en su adicción, en los vacíos emocionales de su infancia o en sus problemas de carácter.

+ Relacionarse con alguien por pura rebeldía contra los padres. Es decir, salir con alguien solo para llevarles la contraria, sin darse cuenta de que esto solamente es en perjuicio de sí mismo. Ella dijo: "Le conté a mi papá que estaba saliendo con quien hoy es mi esposo. Me dijo que no me convenía, que observara sus antiguas relaciones. Y bastó que me lo dijera para insistir en ese noviazgo y con el tiempo, nos casamos. Hoy lamento no haber escuchado el consejo de mi papá. Él estaba viendo lo que yo por rebeldía estaba queriendo ignorar".

◆ Relacionarse con alguien por Internet y afirmar que se le conoce del todo. Por Internet solo se conocerá la versión idealizada de la otra persona. Nadie puede decir que conoce a alguien si solo dialogan por Internet. Esto es una fantasía, una realidad imaginaria que hoy día nos hemos creado. Porque nadie puede conocer con veracidad a distancia las reacciones emocionales de otra persona, su entorno, su interacción con las demás personas, su nivel de compromiso en el trabajo o el estudio, y menos sus intenciones. Por eso, si te has enamorado por Internet, tendrás que hacer un doble esfuerzo (y es apremiante que lo hagas) por conocer de verdad (en persona) a quien se encuentra del otro lado del monitor.

LOS MALOS CONSEJEROS

Los motivos para permanecer en una relación, o en la elección de una pareja, en muchas ocasiones, pueden estar siendo influenciados por malos consejeros a quienes hay que aprender a distinguir para no verse involucrado en relaciones sin futuro alguno. Construir una relación fundamentada en motivos equivocados puede conducir a tomar decisiones incorrectas.

Algunos de estos malos consejeros son:

EL SENTIMIENTO DE SOLEDAD

Hay personas que se sienten solas y esperan que una relación de pareja les permita superar este sentimiento. Pero esto no lo resuelve una relación romántica, porque primero se debe examinar la razón real de sentirse de esa manera, y trabajar para superar ese sentimiento antes de involucrarse en una relación. El noviazgo y el matrimonio no es algo mágico para encontrar la felicidad. La felicidad es una conquista personal y debe alcanzarse en cada etapa de la vida. Por eso, déjate amar por amigos y familiares. Sal del aislamiento emocional y da lo mejor que tienes a quienes tienes cerca. Brilla como persona y decide ser feliz siendo quien eres. Esto te pondrá en una mejor posición para elegir sabiamente en el amor. Antes de decidir amar a otros, comienza por amarte a ti primero. No se puede ser exitoso en una relación amorosa, si antes no se toma el tiempo necesario para amar cada parte de quienes somos y sanar las áreas que están heridas. La soltería no tiene porqué ser sinónimo de soledad. Bien lo dijo una joven: "Actualmente estoy soltera y cumplo pronto mis 25 años. Algo que Dios me ha estado enseñando en este tiempo es a disfrutar mi soltería junto a Él, y a no compararme con otras personas que ya están casadas o en una relación de noviazgo. Este es un tiempo de preparación, de cumplir sueños y metas que es muy probable que estando casada no pueda lograr con tanta facilidad, ya que el matrimonio implica mucha responsabilidad y se tienen que tomar en cuenta las necesidades del cónyuge. En este tiempo también Dios me ha estado formando, además de sanarme en muchas áreas de mi vida; me está impulsando a crear memorias junto a Él. Ha sido un tiempo hermoso y sé que cuando llegue el momento de encontrarme con el hombre que Dios me permitirá conocer, será una travesía aún más hermosa. La espera ha sido de bendición, donde también ha habido momentos fuertes y lágrimas, pero Dios siempre ha estado cerca".

LA IMPACIENCIA

La impaciencia conduce a apresurar las relaciones debido a ese sentimiento de sentirse desesperado por ser amado o amada. Por lo que este sentimiento no es un buen consejero, porque nos lleva a involucrarnos con alguien por desesperación y no porque realmente sea lo conveniente. Debes ser paciente, no tomes una decisión apresurada porque podría ser contraproducente.

LAS ANSIAS PASIONALES

Sentirse desesperado por abrazar y besar tampoco es una razón válida para iniciar una relación, porque conduce a iniciar relaciones sin conocer realmente bien a la otra persona. Satisfacer las ansias pasionales en la etapa del noviazgo deja cicatrices emocionales difíciles de borrar y, de alguna manera, impactarán la relación con el futuro cónyuge. El deseo y los impulsos sexuales Dios los diseñó para ser disfrutados en el contexto del matrimonio, y son pésimos consejeros porque siempre inclinan la balanza hacia el placer momentáneo y no enseñan a esperar para compartir el regalo de la sexualidad con la persona correcta, en el momento indicado. Por tanto, canaliza mejor tu energía en cosas que mantengan quieto al volcán del amor, por ejemplo, busca involucrarte en causas que demanden tu pasión y entrega.

EL ABURRIMIENTO

Nunca se debe iniciar una relación por sentirse aburrido en la vida o por querer salir del aislamiento emocional. La falta de sentido y de propósito en la vida podría llevar a una persona hasta este punto. Una relación de noviazgo deberá iniciarse cuando uno realmente se sienta pleno, cuando se esté cumpliendo con uno o varios propósitos planeados en la vida, y no porque se sienta que no se tiene otra cosa mejor que hacer.

EL DESPECHO Y EL DOLOR

Algunas personas buscan una relación para olvidar un amor o por deseos de venganza. Si todavía tienes sentimientos heridos por causa de una antigua relación, deberás tratarlos ante un profesional y recordar siempre que, contrario a lo que dice el dicho, un clavo no saca otro clavo. Esto es un error. No se debe jugar con los sentimientos propios y menos con los de otra persona. Primero deben trabajarse las emociones heridas, superar cualquier dolor causado por otras experiencias de noviazgo, ordenar las emociones para poder tener mayor claridad al mirar hacia el futuro. Intentar sanar el dolor con una nueva relación solo hará que la herida se haga más grande, y con el pasar del tiempo, se hará más difícil sanar. Lo que no se trabaja a tiempo seguirá apareciendo de alguna u otra manera en el futuro.

Querer dar celos a un "ex", como una razón para iniciar una nueva relación, es una verdadera trampa. Por esta razón, cuántas personas no terminan casándose con la persona equivocada. No se puede jugar con los sentimientos, ni involucrarse con alguien más solo para castigar a un tercero. Antes de iniciar una nueva relación, se deberá haber superado lo que se ha vivido en el pasado, para poder tener un mejor criterio antes de involucrarse en una nueva relación.

LA RELIGIOSIDAD

Creer que debemos estar con tal o cual persona por "imposición divina" es una rotunda equivocación. Dios guía; pero no decide por nosotros. Dios pone paz en nuestro corazón; pero nunca manipula con una "imposición divina". ¿Por qué Dios no lo hace? Porque quien deberá sostener una relación con el paso del tiempo somos nosotros, no Dios. Por tanto, se debe estar bien seguro de que es una decisión personal y bien pensada el casarse con determinada persona. Es nuestra responsabilidad.

Si un pastor o un líder espiritual le dice a una pareja de novios que deben casarse porque él "siente que ambos son el uno para el otro", deberá tomarse tan solo como un consejo, como una recomendación, pero nunca como una imposición "divina". Nadie puede manipular a nadie a tomar una decisión en el amor, es una decisión absolutamente personal. En el amor la decisión debe recorrer, primero, el camino de la amistad, del conocimiento mutuo, el del intercambio de sentimientos; también, debe contar con la bendición de los padres, además, llevar un proceso de consejería como forma de poner buenos fundamentos desde un principio. Los involucrados, los novios, deberán tener paz y estar seguros de que son ellos, y solo ellos, los que están decidiendo casarse. Son los novios quienes deberán superar cualquier crisis que vivan en el amor, y para lograrlo, deben asumir la responsabilidad de su decisión de estar juntos.

Distinto es pedir a Dios su guía, su confirmación y que traiga paz a ambos en la relación. Siempre hay que involucrar a Dios en la ecuación del amor para que sea Él quien dé la fortaleza para tener la mejor actitud, así como la voluntad de luchar hasta el final en caso de casarse. Dios siempre guiará, renovará las fuerzas, los llenará de sabiduría y de la humildad suficiente para disculparse cuando en el camino se lastimen. Él estará a nuestro lado siempre; pero la decisión de amar es absolutamente nuestra. Dios guía; pero nunca impone. Nos ha dado la capacidad de elegir correctamente si pedimos a Dios la sabiduría y el discernimiento necesarios.

Si crees que estás en una relación por motivos egoístas, por rebeldía o por las razones equivocadas, es mejor que te detengas para ordenar tus emociones; para que busques ayuda para superar lo que estás sintiendo; al tiempo de dejarte amar por tu familia y amigos. Y si debes terminar la relación para ordenarte internamente, hazlo. Porque con el amor no se juega, pues en una relación de noviazgo en vías de matrimonio estamos hablando de un futuro, de estabilidad emocional, así como del futuro de otras personas que llegarán: los hijos.

NO IGNORES LAS SEÑALES DE ADVERTENCIA

En el noviazgo se debe estar atento a las señales que pronostican problemas, que revelan que se está ante una relación tóxica. Leer a tiempo las señales que advierten el peligro permitirá tomar decisiones y terminar una relación que podría producir dolor y decepción en el futuro.

Algunas luces rojas son:

EL ABUSO

Toda relación humana debe fundamentarse en la aceptación, el respeto, la admiración y la cordialidad, y el abuso es la antítesis de todo lo anterior. Por eso en el noviazgo los abusos no pueden ser tolerados de ninguna manera. No hay explicación razonable que apoye cualquier forma de abuso. El abuso nunca es justificable y debe detenerse inmediatamente. Si te sientes obligado, manipulado o impulsado a actuar en contra de tu voluntad o de tus principios, debes terminar esa relación de noviazgo inmediatamente y buscar ayuda profesional.

Existen estos tipos de abuso:

Abuso físico: se da cuando se impone la fuerza para controlar o lastimar a la otra persona. Aunque el agresor llore, exprese arrepentimiento y prometa un cambio, debe terminarse una relación así.

Abuso verbal: son comentarios degradantes, insultos, palabras humillantes, burlas o gritos que deterioran la salud emocional de la persona afectada.

Abuso emocional: es cualquier expresión que pretenda controlar, degradar o disminuir las acciones, comportamientos o creencias de una persona por medio de la manipulación, humillación o intimidación.

Abuso espiritual: sucede cuando existe manipulación y control en nombre de Dios, haciendo uso a conveniencia de las Escrituras.

Abuso sexual: es toda conducta que pretende obligar a efectuar actos sexuales sin consentimiento. Esto tendrá consecuencias emocionales o físicas severas.

Abuso patrimonial: es cuando, en el nombre del amor, uno saca provecho del otro en cuanto a bienes materiales o las finanzas. Si se exigen compras costosas a cambio de afecto y cariño, es manipulación y una forma de extorsión.

LAS ADICCIONES

Estar en una relación con una persona que tiene alguna adicción es tratar con alguien que está esclavizado, no es una persona libre, no tiene autocontrol ni es equilibrada emocionalmente. Al ser una persona controlada por una sustancia o un patrón de vida, le será difícil mantener una relación sana y estable, y posiblemente tenga relaciones rotas constantemente porque la adicción tiende a ser su prioridad, poniendo una relación de noviazgo en un segundo plano.

Cuando hay una adicción de por medio, la persona suele justificar su actuar con tal de mantener la relación. La pareja en el noviazgo se convierte en automático en su salvador, y se crea una codependencia, hasta convertirse en una relación enfermiza. Pero el verdadero amor de pareja no se fundamenta en la caridad o en relaciones víctima-rescatador, sino que es sólido conforme a la salud emocional que ambos deben tener. Cuando hay adicciones en uno u otro, debe terminarse esa relación de noviazgo lo más pronto posible, y no regresar hasta que la otra persona dé muestras de haber superado totalmente la adicción. Sin embargo, es importante que quien no es el adicto busque ayuda, para evitar repetir el patrón de sentirse con el deber de ser el salvador o rescatador de la persona amada.

Tanto la persona con una adicción, como el rescatador, tienen problemas emocionales que necesitan ser resueltos y atendidos por un profesional. Este proceso es individual, y cada uno debe llevarlo a cabo por separado.

LA INFIDELIDAD

Uno de los fundamentos de una relación amorosa saludable es la fidelidad, ya que fortalece la confianza y provee seguridad a ambas partes. Si se mina la confianza en la relación, el dolor que se experimenta se extenderá en el tiempo, y será difícil de recuperar.

Si estás con alguien que en el noviazgo ya te ha sido infiel o lo ha sido antes en otra relación, debes asegurarte de que haya trabajado eso a fondo con un profesional, ya que la infidelidad suele convertirse en un patrón que vuelve a repetirse en el futuro. También, si estás en relación de noviazgo con alguien a quien le han sido infiel, debes asegurarte de que lo ha superado por medio del perdón, porque si no ha sido así, la amargura acumulada por la falta de perdón podría proyectarla en la nueva relación, mostrándose como una persona celosa en extremo y controladora.

LA INMADUREZ O IRRESPONSABILIDAD

Esto va mucho más allá de ser alguien olvidadizo, que pierda las llaves de la casa o no sepa dónde dejó su celular. Se trata de mostrar un profundo patrón de inmadurez e irresponsabilidad ante los retos de la vida, pues es una forma de decir: *¿Quieres ser mi mamá o papá? ¿Puedes hacerte responsable por mí?*

Una persona inmadura se caracteriza por no definir metas ni propósitos en la vida; puede ser un idealista soñador, pero difícilmente poner manos a la obra para su realización. Son personas que esperan que otro sea quien le resuelva sus necesidades. Asimismo, es poco comprometido y abandona las responsabilidades que había asumido con anterioridad: no termina nada de lo que inicia y siempre justifica su irresponsabilidad. También es alguien que suele posponer las cosas para el último minuto y con frecuencia llega tarde a sus compromisos o no los atiende. Tiene dificultad para tener trabajos estables, no paga sus deudas y posee mal antecedente crediticio. Alguien anuncia que no puede mantener una relación estable.

PROBLEMAS EMOCIONALES NO RESUELTOS

Una persona que trae un lastre emocional no resuelto puede tener dificultades para construir relaciones saludables. Podría tener luchas por el poder, arranques de ira profundos, depresiones frecuentes, etc. Por eso, es saludable que antes del noviazgo ambos hayan alcanzado estabilidad emocional.

No es fácil distinguir los problemas emocionales no resueltos, por lo que es indispensable que se puedan dar el tiempo necesario para conocerse, conocer a la familia y observar las conductas poco saludables. La meta es evaluar la viabilidad de la relación, antes de entrar a un matrimonio destinado al divorcio o bien, que conviva con conductas abusivas, enfermizas, destructivas y disfuncionales. Los problemas emocionales serios deben atenderse a tiempo para que sean superados.

Decide establecer relaciones con personas que hayan alcanzado equilibrio y salud emocional; pero para lograrlo, debes haberlo alcanzado tú primero.

Capítulo 7

¿CÓMO SÉ QUE ME CONVIENE?

En alguna ocasión escuché decir: "Para ser feliz, *no* es necesario casarse". Esto es una afirmación acertada. Sin embargo, la vida nos deja ver que la mayoría de las personas, a través del proceso de desarrollo personal va alimentando la idea de que en algún momento les gustaría tener un buen matrimonio. Mientras crecemos vamos lentamente colocando en nuestra mente el pensamiento: *En algún momento me casaré y formaré una familia.*

El deseo de contraer matrimonio es natural y debe despertar ilusión y alegría, al mismo tiempo, debe ser producto de una decisión pensada, reflexionada y madurada con el tiempo. Si lo que se busca es hacer bien las cosas en el amor, estas son algunas recomendaciones para que al proceso de enamoramiento se pueda añadir una buena dosis de inteligencia, amistad y conocimiento mutuo. Con esto pretendo enriquecer tu criterio a la hora de elegir con quién contraer matrimonio.

La elección de la persona amada no es cualquier cosa, es una elección para toda la vida. Elegir con éxito en el matrimonio demanda tener presente varios elementos.

NO TE CASES MUY JOVEN, NI MUY RÁPIDO

Muchos estudios han encontrado que las personas que se casan muy jóvenes, muy pocas veces están preparadas para asumir con acierto los papeles de esposo y esposa. Aunque siempre se dan las excepciones, las personas muy jóvenes no pueden seleccionar un compañero o compañera para el matrimonio de forma efectiva, precisamente porque aun ellos mismos no se conocen muy bien. Cuando se es muy joven todavía están en proceso de definición las metas de lo que nos gustaría alcanzar en la vida. Siendo muy joven aún no se ha tenido el tiempo para aprender a ser personas independientes y responsables en el manejo de las emociones. No se está en muy buena posición para conocer el tipo de persona con la cual nos gustaría formar una unión significativa que dure toda la vida. Sencillamente, se necesita más experiencia, el joven requiere conocerse mejor a sí mismo, ordenar sus prioridades, crecer emocional, intelectual, financiera y espiritualmente. Si deseas no sufrir un fracaso matrimonial, tendrás que esperar hasta que hayas desarrollado y madurado tu propia identidad y tengas en claro varias metas personales.

Hay muchas razones por las cuales hay personas "muy deseosas" de casarse rápidamente. En ocasiones es el miedo a que la otra persona pueda cambiar de opinión. También puede ser que estén cansados de encontrarse solos los fines de semana y piensan que, si se casan, lo van a solucionar. La ansiedad por casarse también puede estar relacionada con un sentimiento de querer experimentar la vida matrimonial. Claro, el matrimonio es emocionante; pero cuando dos personas se dejan llevar por la emoción, a menudo dejan de poner atención a los procesos normales que se necesitan para poner un buen fundamento en una relación. Por eso, no apresures la relación, y no te conviertas en novio o novia a una edad muy temprana.

Considero que una buena edad para iniciar un noviazgo formal es habiendo rebasado los 20 años de edad. Pero en realidad es una decisión muy personal, donde cada persona debe saber cuándo considera que ha alcanzado un determinado nivel de madurez que le permita elegir con sentido común y sabiduría.

Hay que invertir bastante tiempo para llegar a conocer a la persona con quien se ha pensado establecer una relación de noviazgo y futuro matrimonio. Hay que caminar juntos primero a través de una variedad de circunstancias y situaciones necesarias que permitan obtener un conocimiento mutuo real. Si en el camino se descubre en la otra persona cosas inquietantes como celos enfermizos, mal carácter, irresponsabilidad, falta de honestidad, actos violentos o testarudez; deberás preguntarte si estás dispuesto a pasar el resto de tu vida lidiando con esos problemas. Las características antes mencionadas rara vez desaparecen cuando uno se casa, más bien se acentúan. Así que de ninguna manera sigas con planes de casarte en medio de tales circunstancias. Por el contrario, invierte tiempo en tratar estos asuntos y buscar soluciones con el otro. Pero si estas cosas no desaparecen es mejor termina la relación antes de que sea demasiado tarde.

Bien advirtió el sabio Salomón: *No te hagas amigo de gente violenta, ni te juntes con los iracundos, no sea que aprendas sus malas costumbres y tú mismo caigas en la trampa* (Proverbios 22:24-25).

ASEGÚRATE DE ALCANZAR UNA PROFUNDA INTIMIDAD

Me refiero, por supuesto, a una intimidad emocional; a aquello que les permite disfrutar el estar juntos, sentirse en confianza, en donde pueden ser ustedes mismos. Somos íntimos cuando respetamos nuestras diferencias, reímos juntos y nos valoramos mutuamente. Somos íntimos cuando confiamos en la otra persona, conversamos tranquilamente sobre lo que nos agrada; nos mostramos vulnerables y francos con lo que pensamos y sentimos.

Pero produce alejamiento emocional de la otra persona cuando somos criticados constantemente, existen las burlas, hay miedo a ciertas reacciones, o se nos pide ser quienes no somos.

En el noviazgo lograr ser íntimos, cercanos, tener confianza entre ambos, son señales de ir por buen camino. Pero si hay miedo o manipulación ante ello, es mejor terminar la relación.

La intimidad tiene todo el potencial de ayudar a que un noviazgo alcance un nivel de unidad emocional, y esto se logra teniendo la confianza de compartir pensamientos, sentimientos, sueños, temores y alegrías.

¿Por qué la intimidad no ocurre muy a menudo? Investigaciones al respecto dicen que solo una minoría de novios experimenta la intimidad, y estas son algunas razones:

+ La vida agitada en nuestra sociedad nos dice que la mayoría de las personas viven tan rápido que no hay mucha oportunidad para la intimidad. La mayoría de las personas no tienen ni el tiempo para descubrir en realidad lo que está sucediendo dentro de ellos mismos, mucho menos para compartir con otras personas.

+ Nuestra sociedad se ha concentrado en las relaciones virtuales, en lugar de fortalecer las relaciones que tiene cerca, pues son estas las que pueden llevarnos a tener relaciones verdaderamente íntimas. Tristemente, la sociedad ha elegido el individualismo y el egocentrismo.

+ La intimidad requiere una exploración cuidadosa del mundo interior de uno mismo, y es algo desconocido para algunas personas, o bien, puede causarles temor a exponerse tal cual son.

+ El miedo a ser lastimado, rechazado y a mostrarse vulnerable. Cuando uno abre su corazón en una relación de noviazgo, deja ver sus heridas, miedos y traumas; el miedo a que la otra persona utilice esto para burlarse, hacer chantaje o desvalorarlo hace que muchos no permitan que haya una verdadera intimidad en su relación de noviazgo. Lo que causa muchas veces que estén juntos, pero no se conocen realmente, o no saben aquello con lo que la otra persona lucha. Lo que, con el tiempo, hace que se convierta en una relación fría, distante y esté destinada al fracaso.

La intimidad se fortalece cuando se invierte tiempo para conocerse y ser sinceros y auténticos, cuando se ha decidido ser amigos y disfrutar de la cercanía; también se fortalece en los momentos de crisis o de dolor.

Si logran ser amigos antes y durante el noviazgo, podrán descubrir si es conveniente o no que estén juntos. Puede ser que deban terminar porque tienen proyectos de vida diametralmente opuestos, o bien, durante el tiempo compartido se dan cuenta que tienen valores éticos muy diferentes. Pero esto solo lo revelará una verdadera intimidad.

Génesis 2:25 dice, que tanto Adán como Eva estaban desnudos y no se avergonzaban. *En ese tiempo el hombre y la mujer estaban desnudos, pero ninguno de los dos sentía vergüenza* (Génesis 2:25).

¿Cuál es la desnudez que no avergüenza? La que implica estar cara a cara, sin máscaras ni engaños y sin intenciones ocultas. Esta desnudez que no avergüenza es la que desarrolla la capacidad de mostrarnos tal cual somos y, aún así, no avergonzarnos o tener temor. Por lo que debes asegurarte de establecer relaciones que no te avergüencen, y que se fundamenten en la honestidad y la transparencia.

ASEGÚRATE DE TENER MUCHAS COSAS EN COMÚN CON EL OTRO

Por lo general los noviazgos más emocionantes y los matrimonios más estables son aquellos que incluyen a dos personas con muchas cosas en común. Cuando dos personas provienen de trasfondos similares, ellos operan desde la fortaleza, tienen diálogos inteligentes, temas para conversar y se sienten caminando en una misma dirección. Sus relaciones son más fáciles por todas las costumbres y hábitos que tienen en común. Si hay demasiadas diferencias, tal vez no puedan sobrevivir al sinnúmero de tensiones que envuelve el adaptarse el uno al otro.

Sin embargo, es muy normal que las parejas se conformen por dos personas que son muy diferentes entre sí. De ahí el dicho "los polos opuestos se atraen". Estas diferencias son las que permiten la atracción al inicio. Puede haber diferencias por el hecho de ser hombre y mujer; las mujeres pueden ser más empáticas y listas para la comunicación, y los hombres más prácticos y menos dispuestos a la comunicación. Otra diferencia que atrae es el temperamento, quizás uno es más nostálgico y perfeccionista, mientras que el otro es más sociable y relajado.

Este tipo de diferencias siempre va a existir, y es normal que a veces haya choques en algunos de estos aspectos. Lo importante es que las similitudes coincidan en cosas esenciales como: valores, propósito y filosofía de vida, así como en el compromiso de aprender a amarse aun a pesar de las diferencias. El objetivo es que un día logren sacar ventaja de estas diferencias y complementarse de forma natural. A continuación, algunas otras similitudes esenciales.

Creencias y valores. Es indispensable que las creencias fundamentales sean compartidas por ambos. Por ejemplo: la fe en Dios, el concepto de familia, la forma de criar a los niños, el manejo de las finanzas, y todo lo que consideren importante en su vida. Porque, ¿cómo podrán ir dos juntos por un mismo camino si no están de acuerdo y si creen muy diferente? Por eso, no basta con estar enamorado, se debe analizar el fruto que da la persona con la que se está saliendo para saber si se está con la persona indicada y entonces tomar una sabia decisión. Cada uno de nosotros cosecha lo que siembra, y donde quiera que estemos seremos nosotros con nuestros actos, valores, principios y anhelos, por eso, se debe aprender a discernir el fruto que da la persona de la que uno se ha enamorado. Esto es fundamental para poder discernir si se está en la relación correcta o no: *La senda de los justos se asemeja a los primeros albores de la aurora: su esplendor va en aumento hasta que el día alcanza su plenitud. Pero el camino de los malvados es como la más densa oscuridad; ¡ni siquiera saben con qué tropiezan!* (Proverbios 4:18-19).

Si la persona con quien se tiene una relación de noviazgo es alguien de buen testimonio, es esforzado, emprendedor, con un alto sentido de superación, y lo que toca lo deja mejor que como se lo entregaron, esa relación debe buscar fortalecerse. Pero, al contrario, no vale la pena continuar con alguien que es irresponsable, negligente y se excusa constantemente por su fracaso.

Los valores que se han adoptado como propios determinarán las creencias, las acciones y decisiones que se toman, por eso, la persona que con la que se ha elegido caminar por la senda del amor debe compartir y defender esos mismos valores, pues si ambos piensan muy diferente tendrán grandes conflictos y destinos muy distintos. En una ocasión una joven cristiana salía con una persona que no lo era. Luego de un seminario, con lágrimas en sus ojos, me dijo: "Le dije a mi novio que había decidido que no tendríamos más relaciones sexuales, pues sentía que eso no nos estaba llevando por el mejor camino, y él me contestó: 'Tú sabes que yo no puedo vivir sin sexo, por eso es mejor que terminemos'. Estoy muy triste porque lo amo mucho; pero ahora sé que no me conviene". Su corazón estaba destrozado porque ella lo amaba, pero su conciencia y su sentido común le decían que había hecho lo correcto, porque su escala de valores era muy diferente a la de ese chico.

Lo que creemos determina nuestro futuro, por eso, no lo arriesgues involucrándote con una persona que no te conviene.

Las expectativas sobre los roles. En un noviazgo es necesario que tengan un criterio similar respecto de los derechos, obligaciones y responsabilidades en la relación de pareja. Es necesario ponerse de acuerdo en todo aquello que les permite comprender que el matrimonio es una sociedad de cooperación mutua y no un patriarcado o un matriarcado dañino. En estos tiempos de grandes cambios en los roles del hombre y la mujer dentro del matrimonio, es necesario que ambos busquen estar de acuerdo en la distribución del trabajo en el hogar. La meta es tratarse con dignidad y respeto mutuo, independientemente de las tareas que cada uno cumpla.

Cuando se tiene claro quién es cada quien, es una manera de valorarse mutuamente, por tanto, será más fácil definir lo que les gustaría alcanzar cuando se casen, será más fácil elegir con quién les gustaría edificar una familia. Ithamar, una joven de 18 años, elaboró su propia lista con las características que le gustaría que tuviera su novio. Ella escribió acertadamente: "Debe tener valores morales sólidos. Debe gustarme físicamente. Debe pertenecer a una familia con principios similares a los de mi familia, y debe ser emocionalmente estable". Varios años después me escribió para contarme que se iba a casar, y que la lista que había hecho le ayudó a elegir a la persona correcta.

Te animo a que escribas tu propia lista sobre cuál es el perfil de la persona con la que te gustaría casarte; define en esa lista claramente cómo te gustaría que fuera tu hogar. Esto te permitirá elegir sabiamente en el amor, y lo harás bien porque tienes claro lo que te gustaría edificar.

ES INDISPENSABLE QUE AMBOS SEAN EMOCIONALMENTE ESTABLES

Si deseas tener un noviazgo en donde prevalezca el respeto, donde ambos se sientan bien y la relación los conduzca a un mayor crecimiento personal, es indispensable que los dos gocen de salud emocional, mental y espiritual. Esto les permitirá tener una relación en la que ambos se edifiquen, se fortalezcan en sus convicciones espirituales y avancen juntos hacia un buen destino.

El fundamento básico de la salud emocional es conocerse, aceptarse y sentirse bien con uno mismo. Pero si uno de los dos tiene baja autoestima, lucha con complejos e inseguridades en cuanto a quién es o desea en la vida, la pareja será susceptible a todo tipo de problemas emocionales, uno tenderá a controlar a la otra persona, habrá manipulación porque uno está siendo dominado por sus inseguridades.

Es difícil manejar bien las relaciones si se lucha internamente con heridas del pasado, celos enfermizos, obsesiones pasionales o actitudes violentas; todo debido a inseguridades y falta de perdón. Si deseas tener un noviazgo saludable, estable, y que se proyecte al matrimonio, debes trabajar primero contigo mismo hasta alcanzar una salud y estabilidad emocional, así como seguridad espiritual.

SOY UNA PERSONA CON BAJA AUTOESTIMA CUANDO...

+ tengo la sensación de no ser amado;

+ vivo en un continuo conflicto emocional;

+ tengo actitudes que denotan ansiedad, temor o ira;

+ cuando mi capacidad para defenderme es poca debido a la falta de confianza en mí mismo y al temor de enfrentarme a circunstancias adversas;

+ cuando tengo la necesidad de tener siempre relaciones románticas, porque no puedo vivir sin ellas, pues con estas procuro llenar mis vacíos emocionales;

+ cuando puedo autosabotearme ante el temor y la ansiedad que me generan las posibilidades de tener una verdadera intimidad emocional;

+ cuando teniendo una relación con una persona emocionalmente equilibrada, siento la necesidad de una constante afirmación para sentirme amado o amada.

Interpreta y aprende a conducir tus emociones, no dejes que te dominen. Es importante que sepas establecer límites y los respetes. En el amor debemos actuar con sentido común, seguir las reglas de la sana convivencia y anticipar el peligro, porque si estando enamorado o enamorada no sabes controlar tus emociones y respetar los límites, ¿cómo puedes garantizar la fidelidad, el respeto, la estabilidad y la seguridad en un futuro matrimonio? Por eso es indispensable que cada uno de los involucrados tenga un verdadero gran amor propio, que sepa quién es, cuánto vale y hacia dónde va en la vida.

SI NO ME AMO Y NO ME RESPETO A MÍ MISMO, ¿POR QUÉ LOS DEMÁS LO HARÁN?

Si tu novio o novia te culpa por todo, te lastima física o emocionalmente, o bien le dan ataques de celos, es mejor que termines y le des tiempo de organizar su vida interna. Si tu pareja te da largos discursos moralistas y toma poses religiosas para justificar sus conductas indebidas, es mejor darle un tiempo prudencial para que supere su desorden emocional.

Si te encuentras en medio de una relación que te provoca un desequilibrio emocional, te hace sentir manipulado o bien agredido, busca ayuda inmediatamente porque deberás terminar esa relación y superar los efectos de lo que has vivido. Es indispensable recuperar tu paz y armonía interna. Nunca un noviazgo será una relación en donde se permita la manipulación espiritual y el control emocional. El noviazgo es una relación donde ambos se sienten respetados, libres, apreciados, valorados y dignificados.

Es difícil conducir bien una relación en el noviazgo si existe baja autoestima y si no se tiene control de los impulsos emocionales.

La relación se fortalece si cada uno goza de una buena salud emocional, si sabe controlar sus impulsos y tiene en gran estima a la otra persona. Porque cuando se ama no se hace nada indebido, no se busca la satisfacción egoísta de placeres y deseos, y mucho menos se pone en riesgo aquello que se valora y es sagrado para la otra persona.

Así que para tener una buena salud emocional hay que tener un buen concepto de nosotros mismos, aceptar nuestras debilidades y enfocarnos en el desarrollo de nuestras fortalezas. Debemos amarnos tal cual somos, porque mientras nos amemos y respetemos a nosotros mismos, será más fácil hacerlo por alguien más. Hay que vencer las inseguridades y superar los celos enfermizos. Amar sin depender. Cultivar relaciones interpersonales saludables. Somos personas saludables emocionalmente cuando controlamos nuestro enojo, ayudamos a los demás, cooperamos, somos solidarios y sabemos disculparnos cuando hemos lastimado.

La humildad, la simpatía, el honor y la capacidad de ser uno mismo conduce a planos inimaginables del verdadero amor, el que es libre, emocionante, el que inspira respeto y deseos de vivir.

DEBE PROCURARSE QUE EL AMOR MADURE CON EL TIEMPO ANTES DE CASARSE

Sabemos que el amor ha madurado cuando se convierte en un lazo fuerte, lo que produce una relación estable donde el objetivo central consiste en disfrutar de la compañía y la amistad que une a ambos. Por otro lado, el amor es inmaduro cuando es egoísta, conflictivo, inestable y se caracteriza por una relación emocional centrada en el placer.

El amor madura con el tiempo compartido, lo que permite conocer a la otra persona y aceptarla con sus virtudes y debilidades. Es esencial que a partir del tiempo compartido se logre conocer su carácter, valores, proyecto de vida y costumbres.

Averigua si esa persona te conviene dándote la oportunidad de conocerla a profundidad, lo cual no ocurre en una noche romántica a media luz, ni en un encuentro casual. Por tanto, sean amigos, conozcan sus familias, su estilo de vida, lo que les interesa, en qué invierten su tiempo, así como cuáles son sus prioridades.

El amor maduro viene a ser la "sustancia" de la cual está hecho el compromiso en las relaciones de larga duración y se caracteriza por una saludable comunicación, un alto nivel de compromiso y una agradable dosis de afecto y cuidado mutuo.

En una relación de noviazgo que tiene futuro debe darse el proceso de trascender de un amor apasionado y emocional, a una unión tierna y centrada en la amistad y el respeto mutuo. Para ello es necesario atravesar una etapa de transición que es indispensable, pero donde muchas parejas no lo logran; algunas porque son adictas a la pasión; otras, porque no desean pasar a la siguiente fase porque tienen temor a darse a conocer; otras más, porque son personas que simplemente no saben cómo continuar hacia el próximo nivel; y en ocasiones, algunas, es porque una o ambas personas reconocen que su relación va por mal camino, pero se acostumbraron a ella.

Por tanto, es importante detenerse para evaluar si la relación tiene futuro, o es una relación enferma o llena de actitudes inmaduras.

DEBES SER ALGUIEN CAPAZ DE RESOLVER CONFLICTOS ASERTIVAMENTE

Los desacuerdos y peleas en una relación de novios son algo normal, porque somos seres humanos con gustos y puntos de vista diferentes. Pero estos desacuerdos pueden ser beneficiosos si fortalecen el vínculo, o bien pueden ser dañinos si se toman a la ligera, aunque son estos precisamente los que están provocando imposiciones o bien agresiones. Si dos personas aprenden a resolver las diferencias y los conflictos con una alta dosis de tolerancia y respeto, disfrutarán estar juntos y se acercarán más.

La mayoría de los matrimonios fracasan porque no saben de qué forma manejar sus diferencias, por eso es importante desarrollar esta habilidad durante el noviazgo.

Si tu pareja te intimida, te grita, te anula y suele imponer su criterio sin generar el espacio para que te expreses libremente, esa persona *no* te conviene.

Pero si son una pareja que siente la libertad de expresar lo que piensan y sienten, se dan la oportunidad de enojarse sin lastimar, no se imponen el uno sobre el otro, son capaces de asumir sus responsabilidades y llegan a acuerdos, entonces, van por buen camino. El secreto no está en el conflicto, sino en cómo lo enfrentan.

Entonces…. ¿cómo sé que me conviene?

Para responder a esta pregunta dale tiempo a la relación, da espacio a la amistad para que puedas conocer bien a quien dices amar. Será entonces que podrás dar una respuesta sensata e inteligente a esta pregunta.

Capítulo 8

DEFINAN LOS LÍMITES

¿POR QUÉ SON IMPORTANTES LOS LÍMITES?

La palabra límite implica lindero o término y hace alusión a algo que no se puede rebasar. Por lo tanto, establecer límites tiene que ver con la acción de "poner límites y demarcar los linderos". Los límites permiten conocer lo que somos y lo que no somos, y lo que podemos y no podemos hacer.

La vida es para ser vivida a plenitud y de manera intensa, pero no a costa de nuestra salud, de nuestra integridad física o de nuestra libertad (o la de terceros). Vivir de esta forma es el resultado de aprender a desarrollar las habilidades necesarias para evitar excesos, caprichos y deseos desenfrenados. Ahí es donde entran los límites, pues estos nos alejan del peligro, de los abusos y de las cosas dañinas.

También, los límites nos ayudan a definir en qué cosas estamos de acuerdo, o bien, qué compartimos y qué no. Establecer límites demarca lo que es nuestro y lo que pertenece a otros. Cuando los límites están claramente marcados, son fáciles de reconocer por todos los que integran un grupo social y esto permite defender nuestros derechos ante una invasión o un hecho injusto. Los límites delimitan lo que es tolerable y aceptable de lo que es abuso o agresión. Los límites protegen, ofrecen seguridad, claridad y responsabilizan a las personas, lo que conduce hacia una convivencia pacífica y fortalece la armonía.

LÍMITES EN EL NOVIAZGO

El enamoramiento despierta la atracción física y el deseo natural de tener un amor apasionado. Si no se define con claridad hasta dónde se puede llegar con los abrazos y caricias, una relación podría centrarse en una vida pasional, lo que no permitirá que se conozcan en otras esferas mucho más importantes.

El amor apasionado es un ingrediente siempre presente en el noviazgo, y ha sido precisamente la falta de límites lo que ha llevado a muchas parejas a terminar en un juego de pasiones, un embarazo inesperado, o bien, según las estadísticas, la mayoría termina porque pierden con el tiempo la magia que les atraía. Se da un sentimiento de repudio, apatía o indiferencia, porque cuando se centra la relación solo en el placer se hace algo superficial, egoísta y egocéntrico. Involucrarse sexualmente en el noviazgo puede distorsionar una hermosa amistad y arruinar un proyecto que podría haber terminado en un excelente matrimonio.

El tiempo para entregarse mutuamente por completo no es en la etapa del noviazgo, y para esto será necesario que el comportamiento de ambos se desarrolle en un escenario donde se han marcado cuidadosamente los límites. Si no se establecen límites claros y conforme a un código ético, la relación puede convertir a los involucrados en esclavos de la pasión y terminar por alejarlos en vez de unirlos. Es necesario que la pareja hable de esto con sus padres y consejeros espirituales.

El problema que existe en este campo es que los novios no hablan con nadie respecto del tema y no sabemos qué está bien y qué está mal, hasta dónde pueden llegar, cuál es el límite correcto y cómo detenerse a tiempo antes de que se convierta en un estilo de vida. Si han rebasado los límites de la pasión, es indispensable disculparse el uno con el otro y tomar medidas preventivas para proteger la relación.

Hace algún tiempo al terminar un seminario, una joven me entregó un papel en el que me contaba lo que vivió. Cómo se enamoró, la ilusión que tenía, y las consecuencias que sufrió por no poner límites. Al no poner límites, su novio y ella dejaron que la pasión fuera el centro de la relación, y esto fue matando el amor. Experimentó el dolor del desprecio, la soledad de una promesa que no se cumplió y el menosprecio de los demás. Esta joven terminó su nota con una pregunta existencial importante. Dejo la historia para que la conozcas, resalto en ella algunos elementos que considero importantes para su propia reflexión. Mientras la lees, pregúntate: ¿Qué podría haber hecho diferente? ¿Qué les faltó definir para hacerlo bien? ¿Cómo responderías a la pregunta que ella hace al final de la historia?

"Llevaba un mes de ser cristiana, todo iba bien, y en el trabajo conocí a un amigo cristiano. Él ganó mi cariño hasta que un día ambos confesamos ese sentimiento y nos hicimos 'novios'. El primer mes fue como un sueño, creí que había encontrado al hombre de mis sueños, y que todas esas veces que fue destrozado mi corazón se iban a borrar con ese amor. Así lo creí; pero al mes decidimos tener relaciones sexuales. Mi relación continuó igual, y creí que siempre iba a ser así, **pero conforme más teníamos relaciones sexuales, el amor era menos importante.** Con el tiempo, él comenzó a cambiar, me prestaba menos atención a mí y más a otras chicas. Yo ya no podía sentir su amor. Días después quedé embarazada. No sabía qué hacer, tenía miedo de mi novio, de mi familia, de mi escuela. Me sentía sola y confundida. Se lo dije a mi novio, él era dos años más chico que yo; qué podía esperar, se puso a llorar y a lamentarse. Mi mamá se dio cuenta, y al confirmar mi estado, mi madre y mis hermanos se sintieron decepcionados, pero **me dieron su apoyo.** La familia de mi novio se derrumbó. Sintieron su reputación por los suelos y solo veía lágrimas. En la iglesia se desilusionaron de mí y me miraban como si yo fuera 'una cualquiera'. Decidimos que teníamos que casarnos y asumir nuestras responsabilidades, fijamos la fecha para un mes después. Él trató de conseguir dinero y tuvo que irse fuera de la ciudad. Su ausencia duraría una semana. Esa semana pensé: *¿Qué voy a hacer sin él tanto tiempo? Nunca hemos estado separados por mucho tiempo, no voy a soportar.* Días después comencé a sangrar con amenazas de aborto. Me sentía muy mal, luché por mi hijo; pero el sangrado continuó y lo perdí. Solo tenía dos meses de embarazo. **Todo me parecía como un sueño, y todos mis deseos se veían truncados por un momento de placer.** Cuando mi novio regresó, yo lloraba; pero él lo único que dijo fue: 'Nos quitamos un peso de encima'. **Después de esa noche me di cuenta de que el amor tan puro e inocente que habíamos tenido se había transformado en un sentimiento frío y egoísta. Buscamos nuestra satisfacción y solo encontramos dañarnos el uno al otro.** Él no me volvió hablar y se alejó de mí. **Me pregunto:** *¿Dónde quedó el amor?* Hace un mes que pasó todo esto, mi vida ha cambiado, mi cuerpo y mi corazón están destrozados. **Pero a pesar de todo ese dolor Dios está conmigo y me ha dado una segunda oportunidad. Gracias, Dios, por darme tu amor incondicional,** y ahora digo que lo mejor es abstenerse de tener relaciones sexuales antes del matrimonio, ya que por muy bonito que parezca un amor, las relaciones sexuales en el noviazgo, lo extinguen".

Cuando leí su nota me dio mucho dolor, pero su sonrisa me decía que Dios estaba sanando las heridas del camino. Porque Dios es el único que puede restaurarnos totalmente a pesar de nuestros errores y decepciones.

Uno de los grandes problemas en la relación matrimonial es que las personas no se conocen, porque durante el noviazgo todo lo centraron en el placer más que en una verdadera amistad. Si nos enfocamos en ser amigos durante el noviazgo, estaremos poniendo un buen fundamento, para que, al llegar el matrimonio, puedan disfrutar de una relación fundamentada en la confianza, el respeto y la admiración mutua.

El enamoramiento y la pasión deben estar controlados por la razón y la fuerza de la voluntad. Porque cuando la pasión se enciende la razón se apaga, pero si lo hacen bien, podrán escribir historias maravillosas.

EL ESTADO INTERMEDIO

La alegría del amor se expresa con decisiones valientes, siendo determinados en nuestro proceder y humildes para disculparse. Es esto lo que permite escribir grandes historias, como la que cuenta una joven llamada Priscilla:

"Había una armonía en nuestra relación, una suavidad de algo todavía inconcluso, y esto es lo que más me agradó. En esta armonía había a la vez grandeza y profundidad. Era esta armonía, esta suavidad, la que proporcionaba esperanza a nuestro amor. La armonía de este estado intermedio no significaba que no hubiese ansias que producían dolor y el sufrimiento de la espera. Pero había entre el dolor y el sufrimiento de la espera una profunda felicidad. Nuestra amistad crecía y entendí lo que era el amor; el arte de esperar, la grandeza del respeto, eso que no produce vergüenza, más bien aumenta el deseo de avanzar hacia la etapa del matrimonio. Me di cuenta de que el amor es grande, que no hace nada indebido y no es egoísta. **Mientras transcurría el tiempo, nuestra amistad crecía".**

Hay dos tipos de sufrimiento: 1) el sufrimiento de las consecuencias por no poner límites a nuestro placer sexual; 2) y el sufrimiento de la espera. Te animo a que elijas hacer lo que puede garantizarte un mejor futuro.

No hay amor sin sufrimiento, no hay alegría sin dolor, no hay felicidad sin espera. El amor crece cuando hay negación, porque la semilla que no cae a tierra y muere, queda sola.

No hay felicidad si no se paga el precio de hacer lo correcto, aunque las ansias pasionales nos inviten a romper los límites que se han definido previamente. El amor y el sufrimiento no se excluyen. Es que no existe el uno sin el otro. Ese sufrimiento no es el que produce la traición, el abuso o el egoísmo. El sufrimiento que produce felicidad es el resultado de la espera, es el que hace que el amor crezca, es el sufrimiento que surge de la negación y del deseo de hacerlo bien.

El sufrimiento que produce la belleza del estado intermedio es el que trae consigo la felicidad.

El amor es hueco cuando solo son palabras y no hay sacrificio y negación.

El sufrimiento de la espera, del estado intermedio, no es algo que se puede eliminar si deseamos amar. Si decidimos que sea nuestro estilo de vida, nos conducirá a una profunda amistad y a la realización personal. Puede forjar un amor profundo, que sabe resistir las tempestades emocionales, nos ayuda a conocernos mejor y hace que la relación avance al siguiente nivel, es decir, al matrimonio.

Cuando el amor simplemente se usa, lo estamos degradando, pierde dignidad, se convierte en una cosa con la que se juega, un instrumento para satisfacer; se vuelve egoísta y muere rápidamente, dejando huellas que duelen.

Creo que quienes buscan las relaciones exprés y la conquista rápida reprimen sus sentimientos y deseos más profundos. Seguro, no son los más apasionados, sino al contrario, son calculadores y fríos. Porque no se han dado la oportunidad de amar.

El amor no es algo que se usa y se desecha; el amor nació para quedarse, el amor es para siempre, y nunca deja de ser.

El sufrimiento del estado intermedio nos revela lo verdadero de lo falso. Desarrolla el arte del sacrificio y de la negación a uno mismo. Es este sufrimiento el que nos hace verdaderamente compatibles sexualmente cuando nos casamos, porque nos enseñó a esperar, a cuidar y a respetar.

El capricho disfrazado de amor es egoísta, exige, demanda, no soporta las tensiones, es impaciente con cualquier cosa que se interponga a sus intereses y trata de dominar imponiendo su criterio. El amor no se impone, busca la realización de quien se ama, procura la libertad y fortalece el amor propio de la otra persona. El amor no es un juego de pasiones, es una relación que nos permite desarrollarnos integralmente.

Tener relaciones sexuales en el noviazgo hace que se pierda el gozo de la belleza del estado intermedio, el dolor de la espera y la alegría del suspenso; roba la oportunidad de conocerse mejor y hace que todo se centre en el placer más que en la amistad.

El amor se expresa cuando somos capaces de transformar el interés más allá del cuerpo hasta llegar al alma. Cuando vivimos un amor puro, noble y respetuoso somos guiados a navegar a través de las aguas profundas del verdadero yo, y nos conduce a descubrir la belleza interna de la otra persona: anhelos, alegrías, temores, proyectos, deportes, aficiones, gustos, pasatiempos, historias, éxitos, y los sueños que le inspiran. Es aquí cuando la relación se vuelve emocionante, porque deseamos conocer más de la otra persona y que nos conozca.

Amar es valorar, honrar y disfrutar la compañía de una persona extraordinaria. Es la capacidad de fortalecer la razón y la voluntad, hasta el punto de descubrir los secretos del alma y los sueños escondidos.

No es suficiente el atractivo físico para garantizar el amor, es necesaria la inocencia, esa actitud que nos conduce a la pureza en la relación, porque de lo contrario, todo sería una aventura pasajera.

El amor se protege viviendo conforme al principio del respeto mutuo. Nunca hay contradicción entre el amor y la voluntad divina. La ruina de una vida inicia en la negación de un valor bíblico. Cuando amamos verdaderamente somos capaces de obedecer. Solo el que obedece es capaz de amar. Tal y como lo indica 1 Juan 5:1-4: *Todo el que cree que Jesús es el Cristo ha nacido de Dios, y todo el que ama al padre ama también a sus hijos. Así, cuando amamos a Dios y cumplimos sus mandamientos, sabemos que amamos a los hijos de Dios. En esto consiste el amor a Dios: en que obedezcamos sus mandamientos. Y estos no son difíciles de cumplir, porque todo el que ha nacido de Dios vence al mundo. Esta es la victoria que vence al mundo: nuestra fe.*

Obedecer no es una carga impuesta, sino que es el camino que se ha decidido vivir, porque no conduce a la vergüenza, a la culpa y tampoco daña a los demás. Más bien nos acerca, nos hace íntimos y fortalece la amistad.

Una palmada, un "por favor", un "detente" pudieran hacer la gran diferencia en una relación. El deseo es que el amor crezca.

El amor es una decisión que hay que proteger. El amor será más profundo si prevalece el respeto. El amor es la decisión de honrar, proteger, embellecer y cuidar a la persona amada. El amor no hace nada indebido, no es egoísta o autocomplaciente. El amor se expresa en actos de nobleza y en una profunda humildad.

Cuando se imprime pureza en la relación el atractivo crece y es la mejor ruta hacia el matrimonio; y aun si la relación termina, al menos sabrán que han crecido en el arte de amar.

ROMANCE VS. AMOR

Solemos definir el amor como romance, ese estado primario donde existe una idealización y se sienten "mariposas en el estómago". La Real Academia lo define como "relación amorosa pasajera", una que no llega a profundizar. Pero esto ha conducido a una interpretación errónea sobre el amor. Porque amar es más que sentir bonito, es hacer prevalecer lo correcto, contener las emociones egoístas y respetar en todo momento. Por eso, el amor en el noviazgo no es fácil ya que somos egoístas por naturaleza.

El problema del amor romántico es que necesita sentir: quiere sentirse enamorado, quiere sentir bonito, quiere sentir emociones fuertes. Pero en el noviazgo también se viven crisis y desencantos. Por tanto, los novios deben invertir tiempo en conocerse mejor y aprender a resolver las diferencias con respeto y consideración.

El amor no se alimenta solamente por lo que se siente, porque el sentir cambia. En ocasiones se siente y en otros momentos no se siente. Si el sentir es lo que domina el actuar, es ponerse a merced de las emociones. El problema es que las emociones suben y bajan, y hay momentos en donde se siente lo opuesto, lo que genera confusión, porque lo que una vez se ha sentido ya no está, sino que se ha transformado en un recuerdo.

Cuando surgen los problemas es donde se prueba el amor. La presión hace que queden de lado los detalles que antes hacían interesante el estar juntos. Así que, si creen que necesitan un tiempo para reflexionar, tómenlo. Esto les permitirá valorarse nuevamente. Pero de ninguna se permitan la humillación, subestimarse o menospreciarse mutuamente, porque nadie merece ser tratado con desprecio. Si has lastimado, discúlpate, aprende de la experiencia y establece una estrategia saludable para superar las diferencias.

Es en los momentos difíciles donde debe prevalecer la convicción y la voluntad de alimentar el amor que los ha unido, el amor que los ha hecho construir buenos recuerdos, el amor que los hace soñar y desear estar juntos. Es cuando surge la necesidad de volverse a encontrar, y requiere del esfuerzo de dejar de ver lo malo para valorar lo positivo en la otra persona. No es fácil, requiere entrega, sacrificio, voluntad y perseverancia para volver a sentir y hacer prevalecer el amor.

El amor es una combinación entre sentir, emocionarse y un ejercicio de la voluntad. El noviazgo es una relación que se disfruta, pero también enfrenta momentos difíciles. Debe tenerse en claro que el amor no se implora, no se suplica y no se mendiga. El amor crece cuando dos personas libres sienten sin ser manipuladas por la lástima o la compasión.

Quien insiste en apreciar, en respetar, en honrar y admirar descubre dimensiones del amor que jamás descubriría si no persevera.

El amor tiene sus crisis, y quien las ignora puede caer en la trampa de creer que el amor murió y que ahora solo quedan cenizas. Sin embargo, cuando hay amor verdadero, siempre es posible recuperar la ilusión y la alegría de estar juntos.

CONCEPTOS ERRÓNEOS SOBRE EL AMOR

Lastimamos el amor en el noviazgo cuando tenemos conceptos equivocados.

* **Si creen que el noviazgo va a llenar sus vacíos emocionales, están equivocados.** Porque cada uno de nosotros debe ser responsable de su felicidad. El noviazgo no es una fórmula mágica para ser feliz, es una relación de personas maduras que comparten lo mejor que tienen. Estamos completos cuando nos encontramos con Dios y con nosotros mismos. Nadie tiene el poder de hacernos feliz, esta es una decisión personal y se tiene que vivir en todas las etapas de la vida. Lo que sí podemos hacer es contribuir a la felicidad de la otra persona. Cada uno es responsable de gestionar sus emociones y de alcanzar

su realización personal. Cuando entramos en una relación buscando llenar los vacíos internos, terminaremos siendo codependientes de la otra persona.

- **Si creen que el noviazgo crece en automático porque están enamorados, están equivocados.** La relación se fortalece cuando la cuidamos, invertimos tiempo en ella, nos respetamos el uno al otro, nos disculpamos cuando fallamos y nos convertimos en los mejores amigos. La emoción de estar enamorados es solo el inicio de la relación, por eso debemos tener claro el camino que debemos recorrer para guiarla a buen puerto.

- **Si piensan que el noviazgo se trata de una "fiesta constante", están muy equivocados.** Si deseamos tener éxito en esta relación, hay que sacrificarse, porque se requiere tacto, dedicación, tolerancia, perseverancia y entrega. Descubrirás que el noviazgo revela algunas imperfecciones del carácter de la otra persona, y si estas no son graves, debes aprender a disculparlas y concentrarte en valorar las virtudes. Por ejemplo: no se dio cuenta de que te cortaste el cabello, o te pintaste las uñas de otro color, olvidó que cumplían meses de novios, o que prometió algo y no lo trajo. Estas son cosas normales que ocurren en toda relación. Si estas cosas son todo un mundo de decepciones, el problema no está en la relación, sino en el manejo de las expectativas que tienes.

- **Si creen que el amor permite el abuso o la agresión psicológica, sexual o física, están muy equivocados.**

Amar no significa soportar agresiones, maltratos y humillaciones. Cuando esto se da, la relación debe terminar inmediatamente, porque estas conductas dejan de manifiesto que la otra persona tiene problemas emocionales serios que debe superar.

- **Si estás en una relación donde la intimidación es la que prevalece, el amor no está presente.** El abuso y la agresión son características opuestas al amor. El amor no es egoísta, no hace nada indebido y no avergüenza. Diferente es una situación donde experimentamos enojo, decepción o frustración. Ante esto, debemos disculparnos con prontitud y corregir la conducta equivocada; pero si la relación es de abuso y manipulación, debe terminar inmediatamente.

- **Si piensan que el amor romántico es un golpe de suerte, están equivocados.** Porque erróneamente podría hacernos creer que encontramos a la persona perfecta que nos hará felices, y en la primera crisis vamos a pensar que nos hemos equivocado. El amor no es un golpe de suerte, pero el amor de tu vida puede aparecer en cualquier momento, justo cuando menos lo esperas; aunque esto no significa que antes no hayas tomado el tiempo para analizar e identificar aquellas características que esperas que él o ella tenga.

- **Si creen que estar enamorados es suficiente para decir que es amor, están equivocados.** Se necesita el tiempo necesario para conocer su forma de ser, su carácter, sus costumbres y, sobre todo, sus intenciones. Por eso, al enamoramiento hay que añadir el tiempo necesario para conocer con objetividad a la otra persona.

⋆ **Si piensan que, al estar enamorados todo será perfecto, están muy equivocados.** Nos hemos enamorado de una persona que tiene virtudes y defectos, por lo que, si corremos en la primera crisis, podríamos perder la oportunidad de escribir una maravillosa historia de amor. Por eso, las crisis deben superarse; no huyas pensando que esa relación es una equivocación, porque en realidad es el escenario perfecto para conocerse mejor, enfriar las emociones y ajustar las expectativas. Permanecer juntos es lo que podrá demostrar si valió la pena amar. Juan Carlos me dijo:

> "Hoy la amo más que nunca, si hubiese dejado que el temor me ganara cuando éramos novios, porque no sentía que la merecía, habría salido corriendo. Pero doy gracias a Dios que no lo hice, porque luego de muchos años de matrimonio, aprecio esta dimensión de amor manifiesto en mis dos hijos y el tiempo compartido. No lo cambio por nada".

Si se tiene una concepción idealizada del amor, ante la primera crisis el pensamiento será: "Ya no siento lo mismo", "Desapareció la magia entre nosotros", "Me equivoqué", o bien, "El amor murió". Por tanto, no tomes decisiones apresuradas, enfría tus emociones, pide el consejo de personas expertas en el tema, y escucha a tus padres y a tus mejores amigos. Podría ser una crisis que deberá superarse, o bien, una confirmación de que posiblemente es la relación equivocada.

AMAR TIENE SU RECOMPENSA

El amor sana las heridas, las decepciones y las ofensas, y renueva las fuerzas, porque crece con el tiempo. Pero requiere el precio del perdón; ese ejercicio de volverse a acercar y de volver a intentarlo. Ahí es donde se descubre ese amor fuerte que no se cambia por nada, que clama a Dios por el deseo de hacer lo correcto y descubrir si son el uno para el otro. Ella dijo:

"Nunca había sido tan amada como lo estoy siendo ahora. En mis relaciones pasadas descubrí que los hombres solo querían mi cuerpo y no se detenían a descubrirme como persona. Cuando crecía, dos personas abusaron de mí, y al entrar en mi adolescencia pensé que cuando los hombres se me acercaban solo querían tener sexo, hasta que un día le entregué mi vida a Cristo y experimenté su sanidad, su perdón y su restauración. Desde aquel día me veo y me siento diferente, esto hizo que los hombres me vieran diferente, porque ahora yo me estaba percibiendo diferente. Fue ahí cuando Carlos, un joven noble de la iglesia, de buena familia y deseoso de fundar una familia se me acercó. Nuestro noviazgo fue diferente, porque lo centramos en conocernos y establecimos límites, esto nos llevó a construir una sana relación y, con el tiempo, hablamos de matrimonio. Por primera vez me sentí valorada por la persona que soy y no por mi belleza. Hoy estamos felizmente casados y tenemos una hija que nos llena de ilusión y alegría. Dios sanó mi corazón y me permitió ver el amor con otros ojos".

El amor sana las enfermedades más dolorosas, como la soledad, la depresión, la amargura y la indiferencia.

El amor ofrece compañía, amistad, aceptación, aprecio y nos llena de alegrías. No nacimos para vivir en soledad, nacimos para amar y ser amados.

El amor hace realidad los sueños, los que surgen del tiempo compartido, los que se alcanzan con el pasar de los años.

El amor hace posible que juntos alcancemos lo que individualmente sería difícil de lograr. Todos en el camino del amor pasaremos por desiertos que parecen imposibles de superar, pero los que lo intentan salen fortalecidos, más cercanos y amando más que nunca.

El amor da la fuerza suficiente para superar las decepciones y los momentos difíciles. Cuando sabemos que vale la pena luchar por la persona que amamos, lo hacemos.

El amor hace relucir la belleza que todos llevamos por dentro y las virtudes que nos identifican. Por eso, nunca dejes que el odio o la amargura te roben todo el potencial que tienes para amar.

Es el amor lo que nos hace reír ante la vida y creer que hay esperanza en un mejor mañana.

En el amor, también se llora, y se viven las emociones más intensas que jamás podríamos haber imaginado.

El amor nos convierte en románticos empedernidos, capaces de escribir las mejores canciones y los poemas más inspirados. El amor detiene el tiempo y nos hace desear que se congele la imagen de lo compartido.

El amor nos ha hecho hacer cualquier cosa con tal de conquistar.

Por amor somos capaces de renunciar a nuestros sueños individuales, con tal de lograr los de ambos.

Es el amor el que ha conquistado naciones, y nos hace emprender viajes hasta encontrarnos.

Es en nombre del amor que se han escrito las mejores historias, las que marcan generaciones completas y cortan la herencia de dolor que ha lastimado a la familia en el pasado. Quien ama construye historias dignas de ser recordadas; quien no paga el precio del amor, solo tiene aventuras.

Es por amor que se cuidan los detalles, nos atendemos con alegría y disfrutamos estar cerca. Cuando vivimos la vida de esta forma, no resulta ser un sacrificio, sino un privilegio.

En el amor se cometen errores porque somos seres humanos imperfectos, pero eso nos enseña que somos diferentes y, a pesar de ello, podemos caminar juntos.

Quien ama construye recuerdos agradables.

El amor es lo que nos hace pensar una y otra vez en el aprecio que le tenemos a la otra persona, y nos ayuda a decidir lo correcto por encima del deseo egoísta que muchas veces nos mueve.

El amor nunca deja de ser, se renueva con el tiempo, y se mantiene firme en lo que cree.

Cuando hemos decidido amar, alcanzamos la mayor de las realizaciones, experimentamos una profunda paz, y una alegría que no se cambia por nada del mundo.

¿CÓMO HACER CRECER EL AMOR?

El amor no es algo que crece solo, requiere detalles, atención, dedicación y determinación.

- Al amor lo alimenta el recuerdo del tiempo compartido, y el deseo de materializar los sueños que nos inspiran y nos animan a estar juntos.

- El amor crece cuando nos interesamos genuinamente por la otra persona, hasta descubrir lo que le gusta y la hace sentir bien.

- El amor se fortalece cuando contribuimos al crecimiento de la persona amada.

- Es amor el que nunca perdamos el espíritu de conquista que nos acercó el uno al otro.

- El amor crece cuando invertimos tiempo en conocernos mejor. Es ahí donde los anhelos y los sueños de cada uno se comienzan a entrelazar y nos conducen a construir un proyecto de familia juntos.

+ Es amor cuando escuchamos con atención los sentimientos de la otra persona, nos acercamos y nos identificamos con su historia.

+ El amor nos acerca para hacer preguntas que estimulan el diálogo y fortalecen el conocimiento que tenemos el uno del otro.

+ Es amor cuando expresamos sentimientos y pensamientos en forma positiva, lo que facilita que nos acerquemos el uno al otro y que el amor crezca.

+ El amor crece en los momentos difíciles, cuando nos identificamos con el sentimiento del otro y permanecemos a su lado para animarle.

+ Amor es cuando propiciamos el espacio para que cada uno pueda procesar sus propias emociones, principalmente cuando hemos tenido diferencias.

+ El amor crece cuando expresamos aceptación y admiración por la persona a quien amamos.

+ El amor nos acerca y nos hace respetarnos mutuamente.

LA CONQUISTA NUNCA TERMINA

En los primeros encuentros el romance parece ser el ingrediente principal en la conquista, pero debe ser una constante en la relación y crecer conforme pasa el tiempo.

La conquista en el amor nunca termina. El cariño y el afecto que expresamos nos hace desear estar cerca, es lo que nos permite tener contacto físico de una forma especial y respetuosa.

El romance, las conversaciones sinceras y las expresiones de afecto nos acercan emocionalmente y hacen agradable el tiempo que compartimos.

Cuando convertimos nuestros encuentros en momentos agradables, y los anticipamos, la relación se fortalece. Por lo que se necesita inversión de tiempo, creatividad, iniciativa y complicidad.

El amor romántico, al igual que cualquier disciplina, requiere un continuo aprendizaje para que crezca, constancia para que mejore y una alta dosis de creatividad para que sea emocionante. El interés debe mantenerse vivo y ser fortalecido. Para mantenerlo vivo, conozcamos los gustos y deseos del otro, seamos amigos y, ante todo, disculpémonos si hemos lastimado o fallado.

Cultivemos un amor que, con el pasar de los años, dé un fruto abundante y bendiga la vida de ambos.

ACERCA DEL AUTOR

Sixto Porras, vicepresidente de Ministerios Hispanos para Enfoque a la Familia, produce programas radiales y televisivos difundidos en más de 38 países. Es consultado sobre temas de familia, de manera frecuente, por noticieros, periódicos, revistas y otros medios de comunicación en diversos países de América Latina. Ha impartido conferencias sobre el mismo tema y el desarrollo social en todos los países de habla hispana, en Australia, Bélgica y Francia, en muchas ocasiones invitado por los gobiernos. Es asesor ad-honorem de varios congresos de América Latina.

Ha sido invitado a disertar en el Congreso de Nicaragua, Honduras, la Comisión de Salud del Senado de la República Oriental de Uruguay, la Comisión de Familia del Congreso de la República de El Salvador y la Comisión de Niñez, Juventud y Familia del Congreso de Costa Rica. Además, ha sido conferencista ante las Misiones Diplomáticas de América Latina acreditadas en la Organización de las Naciones Unidas (ONU) en Nueva York.

La Comisión Nacional de Valores de Costa Rica le otorgó el Premio Nacional de Valores por su labor a favor de la familia. El Congreso de la República de Perú le otorgó un reconocimiento por su aporte a este país. El Senado de Puerto Rico le dio un reconocimiento por su trayectoria de servicio a favor de la familia.

Es autor de los libros: *Hijos Exitosos, El Lenguaje del Perdón, Cree en ti, Cómo amarme y amar a los demás, El arte de perdonar (Devocional de 90 días)* y *Con sentido de destino.*

Sixto Porras y su esposa Helen han estado casados por más de 35 años. Son padres de Daniel y Esteban, y abuelos de Emiliano, Mateo y Eva.